# 昭和の名調教師



江面弘也

三賢社

ブックデザイン：西　俊章

# はじめに

本書には登場していないのだが、野平祐二氏を取材したときのことを考えながら原稿を書いていた。いつ、どんな取材だったかは忘れたが、一九九〇年代の後半、野平氏が調教師として晩年を迎えていたころだった。

「競馬はね、マイナーなほうがいいんです」

野平氏は唐突に、いくらか寂しそうに言った。ひとりごとのようでもあり、若い取材者に言い聞かせているようにも思えた。

野平氏はだれよりも競馬をメジャーにしようと心血を注いできた人だった。騎手時代から、中山競馬が終わると、競馬場に近い野平氏の自宅には親交のある馬主や生産者、後輩の騎手、新聞記者、競馬好きの作家や文化人など様々な人たちが集まってきた。人々はそれを「野平サロン」と呼び、酒を酌み交わし、自由に競馬を語りあっていた。そして、「野平サロン」で話題になったことが活字になり、テレビで語られ、野平氏が伝えたい競馬がすこしずつ一般ファンにも広まっていった。

その野平氏が「競馬はマイナーなほうがいい」と言ったのだ。なぜ、自分がやってきたことと真逆のことを口にしたのか——。その意味をわたしなりにずっと考え、理解しようとしていた。

一九八〇年代には三冠馬シンボリルドルフをはじめ華やいだ話題につつまれていた野平厩舎も、九〇年代にはいるとまったく精彩を欠いてしまった。その理由ははっきりしていた。競馬業界がひとつの巨大産業として成長していくにつれてビジネスライクな考えをもった馬主や調教師が増え、そうした人たちが主流となっていった時代のなかで、野平氏は安い馬でも競馬を楽しむ個人馬主との付き合いをたいせつにしていたのだ。

騎手の息子としてうまれた野平氏は、「競馬場のこども」ということで、地元の少年たちからいじめられたという。そのころの悔しい経験から、騎手になってからは、競馬のおもしろさ、すばらしさを多くの人に知ってもらおうと、人一倍努力してきた。そして、競馬が人気スポーツとして世間に認められたとき、本来の自分に戻って、好きな馬とすごす日々を選択したのではないか——。

わたしはそんなふうに考えていた。

二〇〇〇年に調教師を定年引退した野平氏はその一年後の夏に亡くなった。調教師としての成績は三千九百四十九戦四百二勝だった。

それから十三年ほどして、わたしは、競馬雑誌『優駿』の「人間交差点」という連載で野平氏と大橋巨泉氏について書いている。競馬評論家としても人気があった大橋氏は「野平サロン」の常連のひとりだった。野平氏の「競馬はマイナーなほうがいい」という話をすると、大橋氏は「祐ちゃんも、引退したらバンクーバーに来てほしかったな」と言った。競馬評論を引退して四半世紀が過ぎ、大橋氏は八十歳になっていたが、競馬は変わらず好きで、カナダのバンクーバーにある小さな競馬場で数頭の馬を走らせていた。

「向こうには八十いくつの現役トレーナーがいてね、自分で乗って調教しているんだ。祐ちゃんが生きていたら、ぼくの馬を調教してもらいたかったなあ」

野平氏もそういう競馬をしたかったのだろう。

本書は昭和という時代に活躍した名調教師三十二人の物語である。最初に登場する「東の尾形藤吉、西の伊藤勝吉」と呼ばれたふたりはともに一八九二年、明治二十五年のうまれである。年号でいえば、明治うまれが十人、大正十二人、昭和は十人となる。

この三十二人もまた、少年時代の野平氏のような経験をしたり、競馬を見る社会の目が厳しい時代に名馬を育ててきた人たちである。野平氏のように、人間関係をたいせつにするあまり、晩年の成績が落ち込んでいった人もすくなくない。平成後期や令和になって競馬をはじめた方には、はじめて目にする名前も多いかと思うが、先達の仕事をとおして「昭和の競馬」をちょっとでも感じとっていただけたら筆者としてうれしい。

なお、登場する調教師のひとつの基準は「一千勝」とした。騎手と違い、一千勝は調教師にとっていまもむかしも大きな数字である。さらにリーディングトレーナー、そしてダービーというとくべつな勲章も考慮した。

また、勝利数では一千勝に届かなくても、昭和の競馬を語るときに忘れてはいけない、個性が際立っていた調教師も入れることにした。矢野幸夫氏、境勝太郎氏、浅見国一氏、内藤繁春氏らがそうだ。伊藤勝吉氏、田中和一郎氏、服部正利氏、戸山為夫氏は早世したために勝ち星こそすくないが、数字以上の功績を残された名調教師である。瀬戸口勉氏と池江泰郎氏は平成になってからの活躍馬が多いが、池江氏は一九八六年の菊花賞をメジロデュレンで、瀬戸口氏は昭和最後の有馬記念をオグリキャップで勝った、「昭和の名調教師」の最後の世代ということになる。

成績に関しては、定年制ができてから引退した調教師についてまとめられた『調教師の本』をはじめ、日本中央競馬会が発表、あるいは刊行した書籍に沿っているが、国営競馬以前の記録には不確かな点が多いことをあらかじめお断りしておく。農林省畜産局競馬部の『国営競馬統計』に調教師の成績が掲載されるのは一九五一年以後で、それ以前は、競馬好きで知られた詩人の井上康文氏の『日本調教師・騎手名鑑1961年版』と『新版　調教師・騎手名鑑』をよりどころにしている文献も多く、わたしも頼りとしてきたが、これも公式の記録でないことは記しておく。

なお、捨て仮名（促音、拗音など）を使っていなかった時代の馬名は当時の表記に統一している。レース名も当時のものとし、馬の年齢は現在の満年齢で統一した。レース名と年齢が合わない箇所もあるが、ご容赦願いたい。また、本文中に登場する方々の敬称は略させていただいた。

昭和の名調教師◉目次

## Ⅱ

## III

# I

# 尾形藤吉

## 「大尾形」と呼ばれた大調教師

1

名調教師あるいは大調教師と評される調教師はどんな時代にもいる。しかし、名前の前に「大」と付けられて、それがしっくり合う人物は尾形藤吉《とうきち》をおいてほかにいない。

尾形は八頭のダービー馬を育て、クラシックレースに二十六勝（二位は田中和一郎の十勝）、旧八大レース（クラシック、天皇賞、有馬記念）は三十九勝（二位は田中和一郎の十四勝、GIレースまで範囲を広げても藤沢和雄が三十四勝）と、ひとり突出した記録を残している。それは馬房の数や管理頭数に制限のない時代だったからこそ成し得た数字ではあるのだが、中央競馬になってからの記録（史上最多の千六百七十勝、ダービー四勝、リーディングトレーナー十二回など）はすべて尾形が六十二歳以降につくられたものだと知れば、尾形藤吉という調教師の偉大さを実感できるだろう。

だが、尾形の偉大さは勝ち星だけで語られるものではない。四十人を超える弟子を育て、日本競馬界に計り知れない貢献をしたことこそが、尾形の最大の業績だったともいえるのだ。それは弟子たちの名前をみればわかる。

昭和の二大ジョッキー、保田隆芳と野平祐二がいる。八木沢勝美、森安重勝といった名騎手もいた。調教師では松山吉三郎と伊藤修司が「一千勝調教師」になった。さらに大久保亀治（大久保正陽の父）、伊藤正四郎（伊藤正徳の父、伊藤雄二の師匠）、美馬信次（河内洋、武豊を育てた武田作十郎の師匠）、工藤嘉見（南井克巳の師匠）と名前をあげていけばわかるように、東京競馬場に厩舎を構えていた尾形の系譜は関東のみならず関西にも大きく裾野を広げているのである。

「大尾形」――。それは日本の競馬史上比肩する者のない巨人に与えられた称号でもある。

尾形藤吉は一八九二年三月二日に北海道有珠《うす》郡伊達町（現北海道伊達市）の開拓農家

にうまれた。伊達は仙台藩伊達家の分家、亘理《わたり》伊達家の領主・伊達邦成とその家臣たちが集団で移住して開拓した町で、尾形の両親——父大河原栄次郎、母キク（旧姓尾形）——の家系も亘理伊達家の家臣であった。のちに調教師となった尾形が弟子を厳しくしつけ、挙止にうるさかったことは、両親がともに士族の出であったことが影響しているのだろう。

ここで、尾形の名前について記しておく。大河原藤吉が尾形藤吉となったのは十七歳になった一九〇九年八月で、母方の尾形家の跡取りが亡くなったために、大河原家の二男だった藤吉が尾形家を継ぐことになったのだ。その後、一九一一年に落馬して十六日間意識不明になったときに尾形景造と改名し、戦後の国営競馬で戸籍名の使用が義務づけられてから尾形藤吉に戻るのだが、便宜上、本稿では尾形藤吉で統一する。

さて、馬好きだった父の栄次郎に似て幼少のころから馬に乗っていた尾形は、尋常小学校高等科のころにはすでに村一番の馬乗りになっていたという。そして、馬に乗る仕事がしたいという思いが募り、十五歳になった一九〇七年の秋、日高新冠《にいかっぷ》御料牧場で飼育係をしていた母方の大叔父のつてで馬術見習いとなっている。このとき尾形の頭のなかには競馬の騎手という職業はなかったが、翌年の夏、日高のせり市にきていた東京競馬会・目黒競馬場（東京府荏原郡目黒村＝現東京都目黒区）の菅野小次郎調教師兼騎手の目にとまり、弟子入りすることになる。

当時、競馬は「馬券禁止」の暗黒時代だった。競馬法はまだなく、一九〇六年には政府に馬券発売を黙認してもらう「馬券黙許」の競馬が東京競馬会ではじまり、全国に広がっていったが、不祥事や暴動が相次いだためにわずか二年で馬券禁止令が発令されている。以後、競馬は軍馬育成を目的に政府の補助金によって細々とおこなわれていた。尾形は著書『競馬ひとすじ』のなかで、菅野から「もし競馬ができなくなったら、陸軍の調馬師にでもなるがいい」と言われて陸軍馬術教範を教えられたと語っている。

菅野のもとで騎手デビューした尾形は、二年めの一九一一年には腕を見込まれて多賀厩舎という、料亭を営んでいた三人の兄弟馬主の厩舎に専属騎手として迎えられている。そして、二十四歳になった一九一六年には多賀厩舎を譲り受けて調教師兼騎手として独立し、目黒競馬場に管理馬五、六頭ほどの小さな厩舎を構えることになる。

しばらくは苦しい厩舎運営がつづいた。一九二三年三月には競馬法が制定されて馬券も発売されたが、九月におきた関東大震災は競馬界にも大きな打撃を与えた。翌年は尾形自身が悪性のチフスに罹《かか》って死にかけている。軌道に乗りはじめたのは昭和にはいってからで、一九二八年になると尾形厩舎の馬は本拠地の目黒競馬場だけでなく福島や新潟、阪神にも遠征して大きなレースにも勝っている。いい馬が厩舎にはいるようになり、大久保亀治、岩佐宗五郎、二本柳勇、古賀嘉蔵、伊藤正四郎といった若い弟子も育っていた。

そのころの競馬は民間の競馬倶楽部単位で開催されており、一九三二年には東京競馬倶楽部（東京競馬会の後身）によって東京優駿大競走（日本ダービー）がはじまる。その第一回で尾形はオオツカヤマに乗って二着になっている。尾形は一九三六年まで騎手をつづけて三百七十三戦百四十八勝、帝室御賞典十一勝、目黒記念三勝という記録を残している（井上康文著『日本調教師・騎手名鑑　1961年版』）。体が重かったために騎乗数はすくないが、およそ四割という驚異的な勝率をあげているのだから、卓越した腕をもっていたことは間違いない。

一九三三年秋、東京府北多摩郡府中町に東京競馬場が完成すると、尾形の厩舎も目黒から府中に移った。その翌年、新設東京競馬場でおこなわれた第三回日本ダービーで尾形厩舎は一着から三着までを独占している（優勝フレーモア）。

だが、戦争の影は競馬界にも忍び寄っていた。一九三六年には全国の競馬倶楽部とそれを統括していた帝国競馬協会が解散させられ、軍馬育成の財源確保を目的とした特殊法人、日本競馬会に統合されている。それでも競馬界にとって幸運だったのは日本競馬会のもとで競走体系が整えられたことである。一九三七年の秋には、七つの競馬倶楽部で年間十レースおこなわれていた帝室御賞典に代わる天皇賞がはじまっている（筆者注・戦前戦中は帝室御賞典の名称でおこなわれていたが、旧帝室御賞典と区別するために天皇賞に統一する）。さらに一九三八年にオークス（当時は阪神優駿牝馬）と菊花賞（京都農林省賞典四歳呼馬）が、翌年には桜花賞（中山四歳牝馬特別）と皐月賞（横浜農林省賞典四歳呼馬）が創設され、五大クラシックレースが確立している。

そうしたなかで尾形厩舎は躍進をつづけていた。一九三六年にはトクマサで二度めのダービーを制し、三八年にオークス（アステリモア）と菊花賞（テツモン）に勝ち、テツモンで三九年秋の天皇賞にも勝っている。四〇年はタイレイが桜花賞に勝ち、厩舎も九十三勝という勝ち星を記録した。四一年にはエステイツで秋の天皇賞に勝ち、四二年にはロックステーツでオークス二勝めをあげている。そして四三年、戦前の最強馬といわれる名馬が登場する。クリフジである。

〈古今を通じて、これほど強い牝馬はいないという巴御前のような〉（『競馬ひとすじ』）

と尾形が表現したクリフジは、牧場で脚に怪我をして売れ残っていたが、大きくがっしりした馬体を気に入り、引退後は牧場に戻すという条件で買い取った馬だった。

脚の問題でデビューが遅かったクリフジはダービーをレコードで制すると、当時は秋におこなわれていたオークスを十馬身差、さらに菊花賞を大差で勝っている。このとき尾形厩舎のエースになっていた保田隆芳は出征していて、クリフジの手綱を取ったのは二十歳の見習い騎手、前田長吉だった。前田は日本調教師騎手会会長の北郷五郎の弟子だったが、北郷が急逝し、北郷と仲の良かった尾形に引き取られたのだった（北郷のあと尾形が調教師騎手会会長に就任している）。

翌一九四四年、戦争の激化にともない競馬は馬券のない「能力検定競走」としておこなわれている。観客のいない競馬場で三戦したクリフジは十一戦無敗のまま引退して牧場に帰っていった。そして「大尾形」をして「天才騎手といえるほどの少年」といわしめた前田もクリフジの引退を待っていたかのように召集されるのである。

一九四五年八月十五日、戦争が終わった。五十三歳になっていた尾形藤吉は疎開先の盛岡から府中に帰ってきた。翌四六年十月には日本競馬会が東京と京都で競馬を再開する。戦地に赴いていた保田隆芳や八木沢勝美、長男の尾形盛次らも次々に復員し、野平祐二（一九四九年に父の野平省三厩舎に移籍）という才能あふれる新人騎手も現れた。しかし、前田長吉が帰還することはなかった。

一九四八年七月、競馬法の改正によって日本競馬会が解散して公認競馬（国が公認した団体が主催する競馬）は国営となる。国営競馬となって最初に尾形厩舎に現れた名馬は牝馬のヤシマドオターで、四九年の桜花賞と翌年の天皇賞（秋）に勝った。五〇年に年間百勝を記録すると、その二年後にはクリノハナが皐月賞とダービーを制覇、皐月賞に勝ったことで尾形は早くもクラシック全勝を達成し、翌五三年も桜花賞（カンセイ）と菊花賞（ハクリヨウ）に勝っている。競馬が再開して数年で尾形厩舎は戦前の勢いを取り戻していた。

一九五四年九月、国営競馬に替わって農林省畜産局管轄の特殊法人、日本中央競馬会が誕生する。国営から中央競馬になって変わったことのひとつに、リーディングジョッキーやリーディングトレーナーが公式に表彰されるようになったことがある。この年は国営と中央競馬を合わせた成績も発表されているが、中央競馬のリーディングトレーナーは翌五五年からということになる。この年の尾形は百三勝をあげたが、伊藤勝吉に一勝及ばず全国二位だった。それでも、ヤマイチが桜花賞とオークスを制し、ハクリヨウで天皇賞（春）に勝っている。

中央競馬になって以降、尾形は一九五五年から六九年まで十五年連続で関東の一位となり、全国では三度二位に落ちたものの、六年連続を含めて都合十二回リーディングトレーナーの座に就いている。この十五年間の年平均勝ち星はおよそ八十六勝で、年間百勝を超えたことは三度（国営時代を加えると五度）あり、一九五九年には百二十一勝というとてつもない記録も残している。全盛期の尾形厩舎の成績はまるでリーディングジョッキーの数字を見ているようだ。

当時の尾形厩舎には昭和の競馬史を彩った大馬主たちが馬を預けていた。おもだった名前をあげると、クリフジ、クリノハナの栗林友二（栗林商船）、ハクリヨウ、ハクチカラの西博（西製鋼）、ヤマイチ、トースト（中山記念など十七勝。ラッキールーラの母）の永田雅一（大映）、メイズイ、コレヒデ（天皇賞・秋、有馬記念）の千明《ちぎら》康（千明牧場）と錚々《そうそう》たる名前が並んでいる。

とはいっても、尾形厩舎の成績が突出していたのはスポンサーの財力によって血統のいい高額馬を買い集めたからだけではない。尾形の相馬眼と馬を育てる技術に大馬主たちが集まってきたのである。

尾形はとにかく馬を見て歩くことが好きだった。たとえば北海道や青森の牧場を三日間かけて百頭ぐらいの馬を見てまわり、夜行列車で東京に帰ってくるというのもめずらしくなく、著書『競馬ひとすじ』では、

〈馬を買うことで一番の妙味は、めぼしをつけて安く買った馬をうまく育て、よい成績を上げることだ。〉

とも語っている。そして、そうやって見いだした掘り出し物にはクリフジをはじめハクシヨウ、タカハタ、スウヰイスーなどの名馬もいて、「大穴中の大穴を当てたような喜びだった」と尾形は言うのだ（スウヰイスーは女優の高峰三枝子の所有馬として知られ、一九五二年に桜花賞とオークスを制したときは弟子の松山吉三郎の厩舎に所属していた）。

そんな尾形厩舎のなかでもとくべつな存在だったのがハクチカラである。北海道浦河町の名門ヤシマ牧場でうまれたハクチカラは、尾形が一目で気に入り、当時のダービー一着賞金より百万円も高い三百万円で買った馬だった。現在なら数億円の評価を得たエリートホースだったハクチカラは、期待どおりにダービーに勝ち、翌年も天皇賞（秋）

と有馬記念を制すると、一九五八年五月にアメリカ遠征の旅にでる。

日本が国際競馬協定に加入したのは一九五五年だが、その前年にアメリカのワシントンDC国際に招待されたハクリヨウが輸送機のトラブルで渡米を断念した苦い経験もあり、オーナーの西博と尾形にとって、アメリカ遠征は悲願でもあった。また、五年前の夏には東京と中山の馬主会の依頼を受けて二か月ほどかけてアメリカをまわって二十六頭の馬を買ってきた尾形は、そのときから日本も国際競馬の仲間入りをしなければいけないという考えをもつようになっていた。

渡米しておよそ一年の間、カリフォルニアを中心に十七戦したハクチカラは、十一戦めのワシントンバースデーハンデ（一九五九年二月二十三日、サンタアニタパーク競馬場、芝十二ハロン＝約二千四百メートル）に優勝する。現実にはアメリカの厩舎に預けられ、アメリカの騎手が乗っての勝利だが（一緒に渡米した保田隆芳は最初の五戦に騎乗したのち帰国）、日本馬としてははじめて海外の重賞に優勝するという歴史的偉業を成し遂げたのである。

尾形の長い調教師生活のなかでもっとも華やいだのは一九六三年のクラシック戦線である。「栗毛の貴公子」と呼ばれたメイズイと宿敵のグレートヨルカ、「ＭＧ」と称された尾形厩舎の二頭がクラシック史に残る戦いをみせたのだ。ともにほかの馬に負けることなく東京記念（同年を最後に廃止）からスプリングステークス、皐月賞、ダービーと四戦連続で一、二着を分け合っている。その結果、三勝一敗のメイズイが二冠馬となるのだが、三冠確実といわれた菊花賞では暴走気味の逃げで六着に惨敗、グレートヨルカが最後の一冠を手にしたのだった。

ここまでは「競馬史のなかの尾形厩舎」という感じだったが、オールドファンが尾形藤吉と聞いてなつかしく思いだすのは一九六九年のクラシックではないか。皐月賞馬ワイルドモアをはじめ、ミノル（ダービー二着）、ハクエイホウ（ダービー三着）、そしてメジロアサマの「尾形四天王」が活躍した年である（メジロアサマは翌年調教師に転じた保田隆芳の厩舎で天皇賞・秋に勝つことになる）。

この年、尾形は七十七歳だった。シャダイターキンでオークスも制し、七十八勝をあげてリーディングトレーナーとなるのだが、調教師成績で一位となるのはこれが最後だった。さすがの尾形も年齢とともに成績も下降していく。

それでも尾形にとって競馬は「死ぬまで研究」だった。作家本田靖春の「厩舎を支えた尾形の背骨」（『日本の騎手』所収）によれば、尾形はいつも晩酌をしながら弟子たちを前にこんな話をしていたという。

「死ぬまで研究だ。研究して、研究して、行き当ることのないのがこの商売だ。研究心がなくなったら、死ぬときだと思え」

ちなみに、尾形によれば母方の祖父尾形彦右衛門は亘理伊達家の武術指南役で豪快な酒飲みだったということで、本田も「その適量は、日本酒なら2升、洋酒なら1本」で、酒量も日本一だったと書いている。

「競馬は死ぬまで研究」と言いつづけた尾形は一九七七年にラッキールーラで八度めの日本ダービーを制している。このとき八十五歳という高齢だった尾形は「死ぬまでに、あとふたつダービーを取りたい」と語っていたというから驚く。

しかし、そんな尾形も一九八一年九月二十七日に現役調教師のまま生涯を閉じる。享年八十九。その日、尾形厩舎の馬がセントライト記念に優勝した。「大尾形」が最後に育てた名馬はメジロティターン。「尾形四天王」の一頭メジロアサマの希少な血を継承する、まだ黒さが残る芦毛馬だった。

# 伊藤勝吉

## 東に尾形あれば、西に伊藤あり

2

中央競馬での伊藤勝吉《かつきち》の成績は三千百五十三戦六百六十六勝だが、これは一九六三年十月一日に亡くなるまでの、実質九年間であげたものである。年平均七十四勝で、勝率は二割一分一厘にのぼる驚くべき数字だ。この間、関西では五年連続をふくめて六回リーディングトレーナーとなり、全国一位（一九六一年）も一回ある。八大レース（クラシック、天皇賞、有馬記念）には九勝している。

「東の尾形藤吉、西の伊藤勝吉」

尾形藤吉とよく比較された伊藤は、名実ともに関西を代表する調教師だったが、尾形藤吉とはおなじ年齢で、無二の親友でもあった。
ふたりの出会いは一九一一年の春、十九歳のときだった。目黒競馬場の春開催で尾形がアクマップという馬で落馬、十六日間意識不明になり（この落馬によって尾形は名を「景造」と改名した）、ミユキという馬に乗れなくなった尾形に替わって乗り、勝ったのが鳴尾から遠征してきていた伊藤だった。それを機に親しくなったふたりは、尾形が関西に行けば伊藤の家に泊まり、伊藤が東京にくれば尾形の家に泊まるような関係になった。ふたりとも無類の酒好きでもあった。ただ、ふたりをよく知る大島輝久（当時『日刊スポーツ』記者）によれば、性格は剛と柔ほどの違いがあり、尾形は物堅く、品行方正だったのにたいし、伊藤は遊びっぷりも豪快で、少々のことにはこだわらない男だったという。

「西の伊藤勝吉」は一八九二年一月二十一日に鳥取県東伯《とうはく》郡日下村（現上井町《あげいちょう》）にうまれた。生家は農家だったが、父親が馬好きで、農閑期には神戸で馬力業（荷車を馬にひかせる運送業）をしていたこともあった。勝吉少年も自然と馬が好きになり、十三歳の秋に鳴尾競馬場（兵庫県鳴尾村＝現西宮市）の青池良佐に騎手見習いとして弟子入りする。青池のところで働いていた金井という厩務員と父親が親しく、金井が世話してくれたのだという。

騎兵実務学校の曹長だった小柴辰之助の教えを受けた青池は、伊藤とは十歳違いの青年騎手だったが、鬼と言われるほど弟子に厳しい人物だったという。伊藤も自著『競馬おぼえ帳』でこんなふうに書いている。

〈「今の乗り方は何んだ、教えた通りに乗っていない」といって、こっぴどく叱り飛ばされたり、弟子によっては殴られたり、蹴とばされたりすることもあるという、いやはや今から振り返って見ると乱暴至極な話で、よくも辛抱が出来たものだと考えるし、大変な教育の仕方もあったものだと感心して見たりしている。〉

この本が出版されたのは一九四八年で、厩舎社会にはまだ厳しい徒弟制度があった。それなのに、伊藤は「今日の青少年の見習い生は、楽でのびのびと自由と尊重のうちに歩んでいる」とも書いているのだ。いかに青池の教育が厳しかったかうかがえる。

一九〇八年の初夏――尾形藤吉の項でも書いた「馬券禁止令」がでていたとき――、東京競馬倶楽部が中心になってロシア・ウラジオストク競馬への遠征団が組織されている。十六歳になった伊藤も青池に連れられて二頭の馬を持ってウラジオストクに行った。

『競馬おぼえ帳』によれば、青池は「彼の地に行けば大いに乗せてやる」と言っていたが、いざ行ってみると、レースでは青池ばかり乗っていて、伊藤はあまり乗せてもらえなかった。伊藤は書いている。

〈子供心にも、何んだか欺されたようで口惜しくて口惜しくて堪らず、日々不平満々であった。〉

ウラジオストクにはおよそ三か月ほど滞在し、九月末に帰国した伊藤は、秋の京都競馬でアラブのコノハナ（ロシアに連れて行った一頭）に乗って初勝利をあげている。さらに、地元の阪神競馬（鳴尾）の開催では十二勝もしている。これが大きな自信となった伊藤は、各地を転戦しながら勝ち星を重ねていった。十九歳のときには阪神競馬三日間で十五勝するという〝伝説〟も残している。

そして、二十歳になった一九一二年には青池から独立して、辰馬厩舎にはいった。鳴尾村の素封家で多くの馬を所有していた辰馬半右衛門（鳴尾競馬場の地主でもあった）の厩舎で、伊藤は厩舎の支配人をしていた浜市郎介（のちに鳴尾村村長）のおかかえ騎手として迎えられたのだ。

こうして、スポンサーにも恵まれた伊藤は関西を代表するトップジョッキーとなっていく。本田靖春の「にっぽん競馬人脈」には、当時の伊藤を知る人物が、尾形藤吉と比較した話が載っている。

〈尾形さんが東の横綱というのは動かないが、長い手綱で、あぐらをかいたような格好でしてね。どちらかというと、一本調子の乗り方なんです。そこへゆくと伊藤さんは、千変万化というか、ハナ行ってよし、中団につけてよし、しまいから行ってよしで、本当の名手だった。〉

この人物は尾形藤吉で十勝する馬なら、伊藤が乗れば十三、十四勝するとも付け加えている。それほど伊藤はうまかったということだろう。

それから調教師兼騎手となった伊藤は一九四二年まで騎手をつづけ、七百五十六戦二百三十八勝という成績を残した（井上康文著『日本調教師・騎手名鑑　1961年版』）。一九二九年十月六日の阪神競馬では帝室御賞典（タマチップ）を含めて三連勝、すべてレコードタイムという、日本で唯一の記録もつくっている。帝室御賞典は浜市郎介のタマウミ（一九一二年、阪神・秋）を皮切りに十四勝し、一九四〇年にはテツザクラで菊花賞に勝っている。

ここで調教師兼騎手について説明しておくと、民間の競馬倶楽部が競馬を開催していた時代は、厩舎を構えた馬主が騎手をかかえたり、騎手が厩舎をもって自分でレースに乗るなど自由だった。しかし、日本競馬会が主催団体となった一九三七年に調教師と騎手を分離する制度ができ、一九四三年まで猶予期間が設けられていた。

その一九四三年に調教師専門となった伊藤は、いきなりミスセフトで桜花賞に勝っている。調教師として順調なスタートをきったが、戦争の激化にともない、十二月には競馬の開催停止が閣議決定される。四四年は東京と京都で馬券を売らない「能力検定競走」がおこなわれていたが、四五年にはそれも中止になった。

一九四六年の秋に競馬が再開し、京都競馬場に厩舎を構えた伊藤は、一九四七年には平和賞という名称でおこなわれた天皇賞（春）をオーライトで勝っている。さらに翌年はカツフジが秋の天皇賞に優勝する。帝室御賞典十四勝の男は、いとも簡単に春秋の天皇賞を制してしまった。二頭の馬主は伊藤由五郎という。大阪・道修町で製薬会社（伊藤由製薬）を営んでいた関西を代表する大馬主で、伊藤厩舎をメイン厩舎としていた。

そして一九四九年、伊藤厩舎からダービー馬が誕生する。馬はタチカゼ。二十三頭立ての十九番人気で、単勝五万五千四百三十円はダービー史上最高配当である。このとき伊藤は京都競馬場にいた。タチカゼは「男女《みな》ノ川」（身長百九十三センチと伝えられる戦前の横綱）とあだ名されたほど堂々たる体躯をしていて、伊藤も大きな期待を抱いて東京に連れていったのだが、肩を痛めて前走のオープンで六頭立ての五着に負けていた。取材していた大島輝久も脚を冷やしているタチカゼを見て、ダービーは断念すると思ったという。そんな状態だから、伊藤は騎手の近藤武夫に「まわってくるだけの気持ちで乗ってこい。すんだらすぐに帰ってこい」と言い残し、ダービーの前に京都に帰ってしまったのだ。京都競馬場でラジオを聴いていた伊藤は、勝ったことに驚き、しばらく呆然としていたという。第一回に三頭出走させてから、ここまで十回、十四頭の馬をダービーに出走させてきた伊藤だが、勝ったときには記念写真にはいれなかったのだ。

タチカゼから二年後の一九五一年、伊藤は五十八勝で関西三位（全国四位）となり、ツキカワで二度めの桜花賞に勝っている。つづく五二年は三十二勝と不振だったが、一一九五三年には百一勝をあげ、九十九勝の尾形を抑えて全国一位になっている。この年、朝日チャレンジカップに勝ったダイニカツフジ（馬主・伊藤由五郎）は二歳から七歳まで走り、平地で五十八戦十二勝、障害に転じて四十二戦二十四勝、一九五五年、五六年の京都大障害（秋）に勝っている。

日本中央競馬会が創設された一九五四年は、国営と中央競馬を合わせて百四勝、尾形の百三勝を上まわって、二年連続で全国一位となっている。ただ、中央競馬の公式のリーディングトレーナーとしては記録されていない。

ところで、戦後の復興期で馬の数が不足していた一九五〇年代のはじめ、国営競馬や地方の大井競馬場（東京都）が競走馬不足を補うためにアメリカやオーストラリアから馬を輸入しているが、この時期の伊藤厩舎でもニュージーランド産のファイナルスコアとオーストラリア産のロイヤルウッドが活躍していた。ファイナルスコアは三歳から六歳まで走って四十五戦十七勝、春秋の京都記念（一九五四年）など四つの重賞に勝ち、第一回中山グランプリ（有馬記念）にも出走（七着）している。ロイヤルウッドは大映の永田雅一の所有馬で、目黒記念（秋）と鳴尾記念（連覇）に勝った。

中央競馬になってからは、文字どおり「東の尾形藤吉」と「西の伊藤勝吉」の時代だった。前項で書いたように、尾形は一九五五年から六九年まで十五年連続で関東の一位となり、全国では三度二位に落ちただけだった。伊藤は一九五六年の二位を除いて、一九五五年から六一年まで六度関西の一位となっている。

一九五五年、伊藤は九十二勝で全国二位。五六年は七十三勝で関西二位（一位は八十二勝の玉谷敬治）で全国三位だったが、五七年からは八十八、八十六、六十一、六十六勝で四年連続で関西一位の〝定位置〟をキープしていた。この間、五五年にヤシマベルで桜花賞に、五九年にはオーカンでオークスに勝っている。また、六〇年には伊藤由五郎の期待馬シーザーが登場する。ダービーはおなじ伊藤由五郎のコダマ（武田文吾厩舎）の三着に負けたが、六歳の一月まで走って三十九戦十五勝、宝塚記念など七つの重賞に勝った。

シーザーが宝塚記念に勝った一九六一年、伊藤は七十四勝で中央競馬ではじめてのリーディングトレーナーになっている。二位の尾形とは一勝差だった。さらにこの年は、息子の伊藤修司が乗ったチトセホープでオークスも制した。チトセホープは連闘で臨んだダービーでも二番人気に支持されたが尾形厩舎のハクショウの三着だった。このときも伊藤はチトセホープのほかにチトセミドリ（十三着）とヨドノハル（三十一着）も出走させていて、変わらずダービーへの執念をみせていたのだが、これが最後のダービーとなった。

そして伊藤の最後の二年、一九六二年は六十一勝で関西二位（一位は六十六勝の夏村辰男）、全国三位だったが、それでも、シーザーの目黒記念（春）など五つの重賞に勝っている。そして亡くなる六三年は二十二勝だった。この年はチトセリバーが京都四歳特別（一九九九年を最後に廃止）に勝ったがダービーには出走しなかった。

伊藤が亡くなったあと、尾形が『優駿』（一九六三年十一月号）に寄せた「伊藤君の死を悼む」によれば、伊藤が尾形の家に泊まったのはシーザーが目黒記念に出走したときが最後で、六三年の夏には函館で一緒に酒を飲んだが、伊藤はコップ二杯のビールを飲んだだけで、声もだいぶ弱っていたという。十月一日、北海道の牧場をまわっていた尾形は、浦河で伊藤の訃報を聞いた。「西の伊藤勝吉」、七十一歳だった。

# 田中和一郎

## 3 著名人馬主に初代三冠馬と幻の馬

田中和《わ》一郎《いちろう》は、クモハタ、セントライト、トキノミノルと、レース名にもなった三頭の顕彰馬を育てた。尾形藤吉よりも一年早くクラシック完全制覇を為し遂げ、八大レースの勝ち数も十四を数える歴史的な名調教師なのだが、一九五七年一月十三日に六十一歳で亡くなったために、中央競馬での成績は四百八十六戦五十一勝にすぎない。それ以前で確認できたのは『国営競馬統計』（農林省畜産局競馬部）に記載されている一九五一年以後である。それを見ると、五一年三十七勝、五二年十八勝、五三年六十一勝、五四年は国営、中央を合わせて四十四勝という記録が残っている。

昭和の競馬史を彩った調教師でありながら記録が曖昧な田中の生涯を現在に伝えているのは、田中が五十五歳のときに『優駿』（一九五一年四、五月号）に寄せた「私の半生」という手記である。本稿も「私の半生」を頼って田中の生涯を追っていくことにする（筆者注・手記では年齢が数え年で書かれているが、ここでは満年齢に統一している）。

田中は一八九五年八月二十九日に新潟市にうまれたが、少年期に母と兄の和吉とともに北海道の北部、日本海側にある初山別《しょさんべつ》村の親戚の家に移り住んでいる。田中の手記にはその事情は書かれてないが、これが田中兄弟を競馬の世界に導いていくことになる。榊原という親戚の家は宿場から宿場に荷物や郵便物を届ける駅逓《えきてい》という仕事をしていて、十数頭の馬がいた。五歳上の和吉はすぐに馬乗りを覚え、馬追い（馬に乗って、客が乗っている馬を一緒に連れて行く仕事）を手伝うようになり、小学生だった田中もまた毎日馬に乗るようになっていた。

田中が十三歳になったとき、母と兄弟は新潟に戻ってくる。田中は高橋活版所という印刷所の文選工になり、集金を任されるほど主人から信頼されていたが、どうしても馬に乗りたいという思いが強く、先に新潟競馬場の青池良佐（伊藤勝吉の師匠）のもとで騎手になっていた和吉の紹介で、新潟の高橋東七郎という馬主の厩舎にはいった。戦前の大馬主には自分の厩舎を構えている人も多く、ゴム輪の車輪を使って乗合馬車をやっていた高橋は、新潟や関屋などに馬車の駐車場を設けるほど羽振りのいい馬主だったという。

そんな厩舎にはいった田中は、久慈安太郎という先輩騎手に騎乗を習った。初騎乗は十六歳になる年の春、高橋が所有するオホトリという馬で、このときは負けている。初勝利はどこで、なんという馬だったか思いだせない、と田中は書いているが、新潟ではオホトリをはじめいくつかのレースに乗っていたようだ。

大きな転機となったのは十七歳になる一九一二年だった。新潟競馬場にやってきた柴田寛治（フジノパーシアやダイシンボルガードなどを育てた柴田寛の父）に誘われて上京、柴田寛治の兄で日本レースクラブ（横浜・根岸競馬場）の柴田安治に弟子入りする。柴田のもとで二年ほど腕を磨いた田中は、十九歳になったときに京田懐徳という人物の厩舎に移っている。京田は宮内省御厩《みまや》課の御者だった男で、目黒競馬場に自分の厩舎を構えて何頭か馬を持っていたが、福島競馬場の書記長になったことで、田中も福島で三年間馬に乗ることになる。

そして、二十五歳になった一九二〇年、田中は、柴田安治厩舎時代の同僚で、中山で独立していた秋山辰治の厩舎に移る。さらに師匠の柴田の紹介で、吉原の遊郭「河内楼」の主人、安藤権次郎の専属騎手に迎えられている（安藤の厩舎も中山にあった）。吉屋信子の伝記小説「河内楼の兄弟」によれば、主人公の兄弟の父である安藤権次郎は「商売は使用人任せで競馬に熱中して数頭の馬を持っていた」ということで、女性らしい視点でこうも書いている。

〈吉原の河内楼は娼妓の肉体から搾取した利得で息子に享楽生活を悠々と送らせ親は競馬馬を数頭持って勝負のスリルを愉しんだということになる。〉

その安藤厩舎の専属騎手になった田中は、厩舎管理官をしていた人物が亡くなると、自分が厩舎を引き継いで管理し、ほかの馬主の馬も預かるようになっていた。

新潟時代からいくつもの厩舎を渡り歩いてきた田中だが、一九二五年に結婚、三十二歳になった一九二七年には目黒競馬場に自分の厩舎を持ち、調教師兼騎手として独立している（一九三三年からは府中の東京競馬場）。田中は騎手としても優秀で、シノグ（一九二七年、福島）、ホンケン（三一年、札幌）、ハクセツ（三三年、横浜・秋）、タイホウ（三四年、横浜・春）で帝室御賞典四勝という記録を残すのだが、このうち、横浜で優勝したハクセツとタイホウの馬主は宇都宮信衛といった。宇都宮は長野県でバス会社（川中島自動車）を営んでいたが、もともと馬車による輸送業をしていたため「馬にたいする専門的な知識を持っている方であった」と田中は書いている。付記しておけば、宇都宮の馬の多くは息子の宇都宮利春（歯科医。のちに川中島自動車社長）の名義で走らせていて、一般には宇都宮利春のほうがよく知られている。

さて、田中和一郎厩舎といえば、菊池寛をはじめ吉川英治、舟橋聖一、吉屋信子といった作家や出版社（非凡閣）社長の加藤雄策、大映社長の永田雅一などの著名人が馬を預けていたことで知られる。田中の「私の半生」によると、菊池寛と出会ったのは一九二七年の秋ごろだった。間をとりもったのは、安藤厩舎の管理をしているときに馬を預かっていた簑田定吉（のちにスターターになった）という馬主だった。菊池から「馬を持ちたいが、だれかいい人はいないか」と訊かれた簑田が、田中を紹介したのだという。

さらに菊池を介して作家、著名人たちが田中厩舎に馬を預けるようになる。田中は一九三七年の春に騎手をやめ、調教師に専念することになるが、このときすでに小西喜蔵、阿部正太郎、岩下密政といった優れた騎手が育っていた。最年長の小西は新潟で厩舎を持っていた田中の兄・和吉の弟子だったが、和吉が早世したために田中厩舎に移籍してきたのだ。三人の名騎手を擁し、菊池寛を中心とした馬主たちによっていい馬が集まっていた田中厩舎は、ここから毎年のようにビッグレースを勝ちとっていくのである。

一九三九年には阿部正太郎が乗ったクモハタがダービーを制した。馬主は加藤雄策。加藤は足繁く牧場にかよい、自分で馬を見て買う馬主だったが、田中によれば、加藤は馬の見方を宇都宮信衛から教わったと話していたという（筆者付記・拙著『名馬を読む』のクモハタの項で、「加藤雄策の相馬眼は宇都宮利春に負うところが多い」と書いたが、正しくは、宇都宮信衛だった）。

一九四〇年は春秋の天皇賞を制した。しかも、春は菊池寛のトキノチカラ（岩下）が勝ち、二着ロツキーモアー（小西）、三着クモハタ（阿部）と三着までを独占、秋の天皇賞はロツキーモアーが優勝、二着がクモハタと田中厩舎の独壇場だった。

そして一九四一年には日本競馬史上初の三冠馬セントライトが登場する。馬主は加藤雄策で、騎手は小西喜蔵。この年は、加藤のブランドソール（小西）で桜花賞にも勝っている。

さらに翌四二年にはセントライトの弟アルバイト（のちにクリヒカリと改名）が皐月賞に勝った。騎手は兄とおなじ小西だった。

田中の「私の半生」の大半は菊池寛をはじめとした馬主たちとその所有馬の話で埋められているのだが（菊池の馬がもっとも多く、九十五頭ほど預かったという）、田中はこんなふうに書いている。

〈日本における文化人としての最高の先生方が、私の厩舎に馬を預けられたことは、なんといっても私にとっては誇りとさえ思っている。〉

当時の田中厩舎をよく知る人物に上森子鉄《かみもりしてつ》がいる。菊池寛の通い書生を経て『変態・資料』『変態十二史』などを刊行していた上森は、戦後はキネマ旬報社の社主となり、大物総会屋としても知られる人物だ。その一方で、予想紙『競馬新報』を創刊し、日本競馬新聞協会会長も務めている。その上森が、吉川英治が亡くなったあとに刊行された『わたしの吉川英治』に、田中厩舎に馬を預けていた「文藝春秋派」という一派があったと書いている。

〈そのつながりで、「田中厩舎愛馬会」（メンバー約二十名）というものが設立されて、年に二度ほど、愛馬会の総会なるものが開催され、会長永田雅一が、毎回うまいぐあいにみんなをさわがせていた。〉

大変な集まりだったろうと想像する。河内楼の安藤権次郎もそうだったが、個性が強く、一癖も二癖もありそうな人たちの馬を預かり、それで結果も残していた田中和一郎という調教師の懐の大きさを感じる。藤本冨良が著書『藤本冨良　わが競馬人生　名馬づくり60年』のなかで十二歳年上の田中について語っている。

〈当時は、馬を売り買いして儲けるとか、馬主さんをだますとか、そんな人も少なくなかったようだが、あの人だけは、本当に真っ正直な人でした。〉

集金を任されたほど主人の信頼を得ていた文選工の少年と藤本が語る先輩調教師の、まじめで正直な人物像が重なり、そこに様々な人間が集まってきた。

しかし、不幸もあった。戦前の田中厩舎を支えてきた加藤雄策は一九四五年五月にアメリカ軍の空襲で、菊池寛は一九四八年三月に狭心症で急死してしまう。

一九五一年。相次いで恩人を失った田中厩舎から不世出の天才ランナーが登場する。十戦無敗のトキノミノルである。騎手は岩下密政。馬主は永田雅一。「トキノ」は菊池寛が好んで使っていた冠名で、一九四八年に菊池が亡くなったあと永田が引き継いだのだが、トキノミノルもダービーから十七日後に破傷風が原因で死んでしまう。吉屋信子は『毎日新聞』(一九五一年六月二十二日、夕刊)に「トキノミノルは天から降りて来た幻の馬だ」という談話を寄せ、これから「幻の馬」と呼ばれるようになった。

その五か月後、田中和一郎はキヨフジ（騎手・阿部）でオークスにも勝ち、調教師として一番最初に五大クラシック完全制覇を達成している。さらに一九五五年には吉川英治のケゴン（騎手は野平好男）で三度めの皐月賞を制している。このころは、吉川のチエリオ（中山記念）や舟橋聖一のモモタロウ（中山大障害・秋）などが活躍していた。

そして一九五七年一月、冒頭に書いたように、風邪をこじらせた田中和一郎は肺壊疽で亡くなるが、田中厩舎にまつわる物語はここで終わらない。その三年後、田中の長男、和夫が調教師になった。競馬社会に興味がない和夫はあとを継ぐつもりはなかったが、永田雅一、吉川英治らによって競馬社会に呼び戻されたのだ。馬主たちは和夫が調教師となるまで厩舎に馬を預け、和夫が助手として修業していた尾形藤吉が管理してくれていた。一九六〇年に和夫は調教師免許を取得、父の厩舎を引き継ぐと、その年の秋、いきなり天皇賞に勝っている。馬はオーテモン。馬主は永田雅一である。

4

# 大久保房松

## 九十一歳まで現役だった競馬界の大長老

平成元年の一九八九年二月二十八日、調教師の七十歳定年制が実施された。当初は高齢者から順に引退することになり、一年めのこの年は八十歳以上の五名が定年となっている。そのなかに九十一歳になった大久保房松《ふさまつ》がいた。

十四歳で騎手見習いになってから七十七年、調教師としては、正確な記録として残っている勝ち星だけでも千二百三十五勝（中央競馬では七百七十五勝）をあげ、明治、大正、昭和、そして平成と、競馬の世界で生きぬいてきた、まさに「長老」という表現がぴったりくる人である。

しかも大久保は、最後のシーズンも二か月で四勝をあげ、二月十八日にはベルベットグローブでフェブラリーハンデ（GⅢ）を勝っているのである。

「最後の最後に重賞に勝てるなんて、こんなにうれしいことはない。ダービーを取ったときよりもうれしい」

とよろこびを語り、かくしゃくとして口取り写真に収まっていたのが印象的だった。


大久保房松は一八九七年十一月六日、青森県八戸にうまれた。競馬界に一大ファミリーを築いた大久保亀治（正陽の父）、末吉（洋吉の父）兄弟と同郷だが、血縁関係はないという。

生家は貧しく、一家は大久保が幼いころに函館に渡ったが、ほどなく父を亡くしている。そのため大久保は小学校の卒業を待たず、五稜郭に近い牧場の牧夫となった。口減らし（家計の負担を減らすために、こどもが奉公などにだされること）のためだが、これが大久保を競馬界へといざなうのである。

動物が好きだった大久保は、仕事の合間に馬に乗り、たびたび函館競馬場に侵入してはコースで馬を走らせていた。きちんとした囲いがなかった当時の競馬場は最高の〝遊び場〟だったのだが、あるとき厩舎関係者に見つかってしまう。

「こらーっ！　小僧、どこからはいってきた!!」

コースで馬に乗っている少年を見つけて怒鳴ったのは調教師の函館大次だった。日本における西洋馬術の始祖ともいわれる函館大経の弟子から養子になった人物で、その弟子（養子）には第一回日本ダービーの優勝騎手として名を残した函館孫作がいる。

ところが、この〝競馬場侵入事件〟が縁となり、大久保は騎手見習いとして函館大次に弟子入りするのである。一九一二年五月、十四歳のときだった。明治が終わる二か月前のことだ。

函館は厳しい師匠だった。体罰は日常茶飯事で、給料もなく、食事も粗末だった。だが、馬の乗り方や扱い方だけでなく、礼儀作法まで厳しくしつけられた大久保は、わずか四か月で騎手免許を取得している。

しかし、当時は馬券禁止の時代である。大久保は生活のために全国の競馬場を渡り歩いて馬に乗らなければならなかった。そうして経験を重ね、函館に弟子入りして十年後の一九二二年に調教師兼騎手として、東京競馬倶楽部の目黒競馬場に厩舎を構えて独立する。競馬法が制定される一年前のことである。

二十四歳にして自分の厩舎をもった大久保だが、大正末から昭和にかけては関東大震災や世界恐慌が重なり、社会は競馬どころではない。若い調教師は馬を預けてくれる馬主を見つけるのもままならない時代だった。

ところが、意外なところから幸運がもたらされる。一九三二年の夏、北海道に馬を引き取りに行く途中、青森で青函連絡船を待っているとき、「犬屋のおじちゃん！」と呼ぶ声がした。声のほうを見ると、犬好きの大久保が通っていた犬屋で顔見知りになった少年がいた。少年は伊勢丹の社長、前川道平の息子で、親子で旅行中に偶然「犬屋のおじちゃん」を見つけたのだった。

ひょんなことで知り合った前川は、すべて任せるので自分に馬を買ってくれと言った。そこで大久保は、小岩井農場（岩手県）のせり市で評判になっていた二歳馬を競り落とす。価格は二万千五百円。創設されたばかりの日本ダービー（東京優駿大競走）の一着賞金が一万円だから、現在ならば数億円という高額馬だったが、この馬が翌年のダービーに勝つカブトヤマである。ちなみに大久保はカブトヤマの全レースに乗っているのだが、調教師兼騎手としてダービーに優勝したのは大久保を含めて三人しかいない。

犬好きの少年との縁でカブトヤマという名馬に出会った大久保は、その後も前川の馬を中心にして実績を積みあげていく（一九三七年には前川のイワヰカブトで横浜の帝室御賞典に勝っている）。そして、一九三九年にはホシホマレで第二回オークス（阪神優駿牝馬）を制すると、翌年はエスパリオンで目黒記念（春）と中山記念（秋）に勝つ。さらに一九四二年には生涯最多となる五十二勝をあげている。

戦後、競馬が再開するとすぐに大久保厩舎にすばらしい牝馬がやってくる。顕彰馬にも選ばれるトキツカゼである。一九四七年の皐月賞（農林省賞典）に勝ち、ダービーは頭差の二着に負けたが、秋にはオークス、そして第一回カブトヤマ記念を制している。ついでに記せば、ダービーでトキツカゼを破ったマツミドリはカブトヤマの産駒であった。

翌一九四八年にはヤシマヒメで三度めのオークスを制した大久保は、それからしばらくは重賞勝ちこそなかったものの、一九五二年には四十七勝をあげるなど、国営競馬のトップトレーナーとして活躍している。

そして一九五五年、大久保は中央競馬となって最初のダービーをトキツカゼの息子オートキツで勝っている。戦後最初のダービーを惜敗した母の悔しさを、息子が中央競馬最初のダービーで晴らしたことになる。

翌一九五六年にフエアマンナで四度めのオークスを制した大久保は、一九五九年にはコマツヒカリで三度めのダービーを制し、その三年後には牝馬のクリヒデで天皇賞（秋）に優勝している。ここまでの大久保厩舎は、勝ち星でトップ争いをすることはなかったが、有力な馬主だけでなく、北海道や東北の名門牧場の生産馬も多く、大レース、とりわけクラシックではすばらしい成績をあげていた。

ところが、六十五歳をすぎたあたりから風向きが変わってくる。勝ち星は三十勝台から二十勝台へ、さらに十勝台へと徐々に減っていった。この間、二千メートル以下で抜群の成績（十五勝、中山記念など重賞五勝）を残したシェスキイをはじめ、札幌記念（当時はダート）でトウショウボーイとクライムカイザーを破ったグレートセイカン、一九八四年の天皇賞（秋）でミスターシービーを追いつめたテュデナムキングなど、印象に残る活躍馬はだしていたが、大レースには縁遠くなっていた。

その理由のひとつに、大久保の「まじめで義理堅い」という性格もあった。高度成長期のあと登場した羽振りのいい馬主よりも、苦しい時代に厩舎を支えてくれた人たちとの関係をたいせつにしていた大久保は、付き合いの長い馬主や成績が振るわなくなった牧場の馬もずっと預かっていたのである。

大久保はまた、馬主のことを第一に考えて、高い馬には手をださなかった。例外中の例外ともいえるカブトヤマのときにも、前川に高い馬を買わせてしまって、もし走らなかったらどうしようと悩んだほどである。買う馬はいつも「中から下」の価格で、それを辛抱強く育てるのが大久保の流儀だった。

そうしたこともあって晩年の大久保はさびしい成績になってしまうのだが、大久保の生涯で特筆すべきことは、尾形藤吉の四十四人に次ぐ三十一人の弟子を育てていることである（『日本の騎手』、日本の調教師・騎手系統譜による）。そのなかには郷原洋行、的場均という「一千勝騎手」も含まれている。しかもふたりは、長く大久保のもとで馬に乗りながら、師弟関係を守りつづけたのである。そういう意味で、一千勝騎手をふたりも育てた調教師は大久保だけだと言っていい、とわたしは思っている。

大久保が定年引退した一九八九年の春、的場はドクタースパートで皐月賞を、そして郷原はウィナーズサークルでダービーを制している。

# 武田文吾

## 競馬丸のため生きた武文親分

5

武田文吾は関東の尾形藤吉と並び称されてきた関西競馬界の〝顔〟ともいえる調教師である。成績だけでいえば尾形に遠く及ばないし、武田厩舎がもっとも勢いがあった時代（昭和三十年代）の関西一の調教師は伊藤勝吉であった。それでも武田が尾形と東西の横綱のように語られるのはどうしてなのか。

それは武田文吾を語るキーワードを並べてみればよくわかるだろう。「ヒサヨシ事件※」、「コダマ」、「シンザン」、「栗田勝」、「福永洋一」、「武文一家」、「俳句」、そして数々の名言と放言……。それらをひとつひとつ語っていくと、通算千二百七十七勝（中央競馬の歴代五位）、重賞競走八十一勝（歴代三位）、クラシック全勝（計八勝）、リーディングトレーナー二回という輝かしい実績さえ霞んでしまうほどである。

そんな武田を的確に表現したのが本田靖春だった。本田は『優駿』の連載「にっぽん競馬人脈・武田文吾編」（一九八一年一月号から四月号）のなかで武田をこんなふうに評している。

〈この人物を特徴づける、明晰な頭脳に裏打ちされた近代的合理性、学究にも比すべき旺盛な探求心、どのような権威・権力を向こうに回しても、自分が正しいとあればテコでも動かない信念といったものに、深く感じ入った。〉

そして、武田の大きさは「ターフをはみ出ている」と書き、こうつづける。

〈彼を名伯楽と呼ぶことにいささか抵抗を覚える理由は、そこにある。〉

武田は「名伯楽」という枠に収まりきれない大きな人物だと、本田は賛辞をおくるのだ。


武田文吾は、一九〇七年二月十九日、北海道石狩国札幌郡江別村（現江別市）の開拓農家に十人きょうだいの長男としてうまれた。農家出身の競馬人の多くがそうであるように、武田も幼いころから農耕馬になじみ、小学校二、三年のころにはすでに父親が乗る馬を乗りこなしていたという。

一九二〇年、十三歳のとき、札幌競馬場で調教師兼騎手をしていた従兄の鈴木甚吉に弟子入りした武田は、当初は道内を転戦しながら馬に乗る日々をおくっていた。そして二十歳になると活躍の場を愛知県や静岡県の地方競馬に求め、そこで卜部《うらべ》長吉という名古屋の大馬主に見込まれ、二十一歳になった一九二八年には公認競馬の鬼頭伊助厩舎（京都）に移籍する。さらに一九三一年には西橋外男という大馬主の専属の調教師兼騎手として独立し、一九三七年からは騎手専門に戻って阪神競馬を拠点に活躍するようになる。このころ、武田の親代わりのようにして面倒をみてくれたのが関西の大御所、伊藤勝吉だった。

武田が騎手を引退したのは一九四九年七月、四十二歳のときだった。戦中戦後の、日本競馬会と国営競馬時代で残っている武田の成績は千六百八十四戦三百八十一勝（帝室御賞典三勝、菊花賞二勝、桜花賞一勝）、二着二百九十六回である。勝率二割二分六厘、連対率四割二厘というすばらしいものである。

騎手を引退してすぐに京都競馬場に厩舎を構えた武田は、翌一九五〇年には五十六勝をあげ、秋にはハイレコードで菊花賞に優勝している。その後も七十二勝、八十二勝と勝ち星を伸ばし、四年めにはレダで天皇賞（春）を制すると、一九五七年には無敗の八連勝で桜花賞、オークスを制した名牝ミスオンワードを送りだしている。

そして厩舎を開いて十一年めの一九六〇年春、武田厩舎から時代の顔となった名馬が誕生する。コダマである。当時の花形特急「こだま」から名づけられたコダマは、その名のとおりすばらしいスピードと瞬発力で無敗のまま皐月賞、ダービーと勝ち進んでいった。三冠がかかった菊花賞は五着に負けてしまったが、高度経済成長期におきた、日本で最初の競馬ブームの引き金となったスターホースだった。

ところで、コダマは関西馬主界の重鎮、伊藤由五郎の所有馬で、従来ならば伊藤勝吉厩舎にはいるはずだった。ところが牧場時代から体が小さかったこともあって馬主の伊藤は武田に管理を依頼するのだが、武田は大馬主からのはじめての依頼にもかかわらず、世話になった伊藤勝吉への仁義に反すると思い、一度は断りを入れている。それでも最後は、執拗に依頼してくる伊藤に押し切られてコダマを預かることになったのだが、自分の厩舎の利益よりも恩人でもある先輩への仁義を優先させたところは、武田文吾という人物を物語る格好のエピソードといえるだろう。

十三歳のときから各地で培ってきた経験に加え、本田靖春の言う「明晰な頭脳に裏打ちされた近代的合理性」と「旺盛な探求心」が馬を育て、走らせ、さらに「自分が正しいとあればテコでも動かない信念」に吸い寄せられるように武田厩舎にはすぐれた人材と馬が集まってきた。そしてその集大成ともいえるのが、戦後初の三冠馬となったシンザンである。

武田文吾の名前を不朽のものにしたシンザンにまつわるエピソードや名言は数知れないが、そのなかでもっとも有名なのが「コダマは剃刀《かみそり》の切れ味、シンザンは鉈《なた》の切れ味」と言い伝えられることばである。これは、シンザンがダービー前に東京競馬場に滞在しているときに、コダマと比較してくれという関東の新聞記者の質問にたいして、

「コダマには剃刀の切れ味があったが、シンザンにはまったくそれがない。剃刀というよりも鉈だな」

と答えたことに由来する。武田は、コダマのような俊敏さには欠けるが、切れ味は鈍くても鉈のようになんでも切り落とす馬だと、シンザンの特性を表現したのだ。

ほかにもローテーションを問われ「シンザンと相談して決める」と語るなど、武田の語録は独創的で、ユーモアのなかにさりげなく本質を突いたことばが多い。武田が豊か

な比喩をもって競馬を表現できたのは、趣味としていた俳句と無関係ではない。馬主でもあった俳人の佐藤紅緑《こうろく》（詩人サトウハチロー、作家佐藤愛子の父）に師事していた武田は「牧人」という俳号を名乗っていた。シンザンが三冠を達成したあとも、取り囲んだ記者団の求めに応じ、即興で、

〈天に嘶け　汝も菊に　いざ汲まん〉

と詠んでいる（筆者付記・武田はこの句が気に入らず、『競馬週報』の一九六四年十一月二十四日号で〈三冠の　手綱の重み　菊にひく〉、〈この菊に　久しく夢を　託したる〉という二句をあらたに発表している）。

さて、シンザンで三冠を達成し、さらに宝塚記念、天皇賞（秋）、有馬記念にも勝った武田は名実ともに関西の第一人者となった。そして一九六七年には生涯最高の九十勝をあげてはじめてのリーディングトレーナーになると、一九七二年にも二度めの全国首位の座に就いている。

この間、栗田勝、福永洋一という偉大な騎手を育て、四人の弟子（栗田、山本正司、安田伊佐夫、松本善登）がダービージョッキーとなった。武田一門は「武文一家」と呼ばれ、調教師となった弟子たち——柴田不二男、渡辺栄、山本、鶴留明雄、安田、そし

て息子の武田博ら——をとおして、武田の〝信念〟は現在の関西競馬のなかでもしっかりと息づいている。

しかし、シンザン以降の武田厩舎はクラシックや天皇賞から遠ざかり、晩年はいささか寂しい成績であった。それでも調教師会会長や調教師会名誉会長を歴任した武田は、競馬界のご意見番的存在として、つねに競馬界全体のことを優先して考え、行動していた。ときには「一言どころか、二言も三言も多い」言動が物議を醸すこともあったが、それらはすべて競馬の未来を憂慮する気持ちからでたことばなのだ。

前述した本田靖春の『優駿』連載のタイトルは「すべてが競馬丸のため」である。「西の武田文吾」と評された男の人生を言い表す、これ以上のことばはない。

※「ヒサヨシ事件」　一九三九年のオークスで武田文吾が乗ったヒサヨシは一位で入線したが、六日後に興奮剤（アルコール）が検出されて失格となった。検出法に疑念を抱いた武田は、専門家の協力を得て、日本競馬会に身の潔白を訴える。陸軍馬政局からの圧力もあるなか、武田たちは何度も検出法の検証実験をおこない、二年後に日本競馬会は検出法が不安定であることを認め、従来の検出法は停止になった。しかし、ヒサヨシの失格は覆らなかった。

# 藤本冨良

## 経営者感覚をもった厩舎人

6

日本競馬会から国営競馬、日本中央競馬会をつうじての勝利数は二千八十二（それ以前の東京競馬倶楽部時代の勝ち星については未確認）。うち中央競馬では史上四位となる千三百三十九勝をあげて、二度リーディングトレーナーの座に就いた。ダービーの三勝をはじめクラシックレースに全勝（計九勝）し、八大レースの優勝は十四を数える。尾形藤吉という別格の存在を除けば、藤本冨良《とみよし》は昭和の競馬史でもっとも偉大な調教師のひとりなのだが、最後の十数年が平凡な成績に終わったためか、藤本の業績がじゅうぶんに現在に伝えられていないのが残念である。

藤本冨良は一九〇七年十二月十八日に静岡県磐田郡岩田村（現磐田市）にうまれた。静岡県は競馬場もなく競馬には縁が薄い土地柄だが、藤本が幼少のころには藤枝に公認競馬があり、父の鹿藏はそこで馬主をしていた（藤枝競馬は一九一七年に廃止され、その開催権は福島競馬場に移っている）。

藤本を競馬界に導いたのは鹿藏である。母のサダは眼科医だった祖父のあとを継いでほしかったが、馬好きの鹿藏は強硬に騎手になることを勧めた。そして一九二四年四月、藤本は、鹿藏の知人の紹介で東京競馬倶楽部・目黒競馬場の稲葉秀男に弟子入りする。

だが、体が重かった藤本は騎手としては思うように活躍できず、一九三〇年七月には自分の厩舎を構えて調教師兼騎手となっている。二十二歳、アラブ馬二頭でのスタートだった。

若くして独立した藤本だが、頭角を現すのも早かった。一九三八年に調教師専門となると、その年は七十八勝をマーク、翌年はさらに数字を伸ばして八十五勝をあげた。これは尾形藤吉厩舎を十勝も上回る勝ち星だった。

当時の藤本厩舎を支えていたのは高千穂製紙の社長、大川義雄（競馬評論家・大川慶次郎の父）である。青森に大平牧場を所有していた大川は、東京・府中に自分の厩舎（タイヘイ厩舎）を構えていた大馬主で、藤本はそのタイヘイ厩舎の管理を任されていたのである。

大川の所有馬によって藤本厩舎の成績は伸びていったが、おもな活躍馬としては一九三九年の中山記念（春）に勝って天皇賞（秋）で二着になったファインモアがめだつぐらいだった。それでも、大企業家だった大川の存在はその後の藤本の厩舎運営において大きな影響を及ぼすことになる。

さて、一時は尾形厩舎をしのぐほどの勝ち星をあげていた藤本厩舎だが、戦火が激しくなるにつれて馬の数も減り、成績は下降していく。一九四四年十月には藤本自身が召集されている。

終戦後、復員した藤本は東京競馬場に戻った。財閥解体によって財産を没収された大川義雄は見る影もなくなっていたが（大平牧場は場長だった六郎田雅喜が引き継いでタイヘイ牧場となった）、藤本は競馬が再開された三年めの一九四八年にはヒデヒカリで皐月賞に勝っている。四十歳にしてはじめてのクラシック優勝だった。

一九五〇年代にはいると、藤本厩舎は毎年五十勝を超える勝利をあげ、勝つ重賞の数も増えていった。そして一九五四年にはゴールデンウエーブでダービーを制している。ゴールデンウエーブは地方の大井競馬場出身だが、もともとは青森の山奥の牧場で藤本が見つけた馬で、いったん地方で走らせてみて成績が良ければ自分の厩舎に入れるということで大井競馬場でデビューさせたのだった。

はじめてのダービーを制したこの年は国営競馬が中央競馬に移行した年でもあったが、藤本は年間をとおして八十八勝をあげている。伊藤勝吉の百四勝、尾形の百三勝には及ばなかったものの、生涯最多の勝ち星であった。

藤本厩舎が全盛期を迎えようとしていたこの時代、厩舎を牽引していたのは国営から中央競馬初期を代表する名騎手、蛯名武五郎である。一九三六年に十八歳で藤本に弟子入りした蛯名は、あぶみを長くして上体を立てた「天神乗り」の名手だった。騎乗スタイルはスマートではなかったが、スタートがうまく、とくに勝負勘にすぐれていた。その蛯名と師匠の藤本のコンビは一九五〇年代の競馬シーンの華になっていた。

ところで、大川義雄との関係から実業家の馬主が多かった藤本厩舎のなかに、ひとり異色のオーナーがいた。第一回有馬記念（中山グランプリ）の優勝馬メイヂヒカリの新田新作である（新田は一九五五年六月に急逝し、有馬記念優勝時の馬主は妻の松江）。

戦前は博徒としてならした新田は、戦後は土建業で身を立てて明治座の社長におさまり、力道山の後見人としても知られた人物である。

そして、この新田のメイヂヒカリが藤本冨良の名前を不朽のものにするのである。菊花賞（一九五五年）、天皇賞（春）、有馬記念（五六年）に勝って二十一戦十六勝。ＪＲＡの顕彰馬にも選出されているメイヂヒカリは、皐月賞前の調教で脚を痛めて皐月賞とダービーにはでられなかったが、故障さえなかったらシンザンよりも九年早く〝五冠馬〟になっていた馬だったと藤本はのちに語っている。

新田のような個性的な馬主がいても、藤本は「馬は自分で見つける」主義を貫いた調教師だった。牧場に行けばそこの馬をぜんぶ見て、気になった馬がいたら毎月牧場にかよって成長ぶりを確かめた。そうやって馬を集めた藤本は、大レースに勝った馬のなかで他人が見つけたのは大井から移籍してきたヒカルタカイ（一九六八年天皇賞・春）だけだった、とも語っている。

また、藤本の全盛期に馬を走らせていた馬主の多くは、いわゆる〝旦那〟と呼ばれるような金持ちだった。競馬は遊びであり道楽、金はだしても口はださない。そんな人たちが多かった。それでも藤本は「長続きしてもらうためにも馬主に損をさせてはいけない」という考えを持っていた。それは実業家である大川義雄から教えられたことだと『藤本冨良　わが競馬人生　名馬づくり60年』のなかで語っている（聞き手・大島輝久）。

〈（筆者注・高い馬は）買わなかったね。大川さんのファインモア。あの当時の三万円というのが、一番高いんじゃないかな。だから、いまもって一千万円以上の馬を買ったことはありません。〉

〈自分でこの先どうやってもダメだと思ったら、馬主の立場になって考えるということだ。その時分から、競走馬は経済動物、馬主は一つの企業だとするのが、ぼくの厩舎経営方針だった。〉

「競走馬は経済動物」と競馬人がためらうようなことばも公然と口にする藤本は、ダービーや菊花賞で二着になったほどの馬でも将来に限界を感じた時点ですぐに手放したとも語っている。聞きようによっては冷徹な考えではあるが、そうした徹底した厩舎運営によって藤本厩舎は尾形藤吉厩舎に次ぐ関東の大厩舎として君臨していたのである。

そして、一九五七年にはヒカルメイジでダービーを制している。馬主はメイヂヒカリの新田松江である。翌五八年はタイヘイ牧場が生産したカツラシユウホウが三冠レースすべてで二着という珍しい記録を残した。カツラシユウホウは五歳まで走って二十五戦十三勝（重賞四勝）、二着十一回、三着以下になったのは中山四歳ステークス（現ラジオＮＩＫＫＥＩ賞）五着だけという、すばらしく堅実な馬だった。さらに五九年にはタイヘイ牧場の六郎田雅喜が所有するキヨタケ（大塚牧場生産）で桜花賞に勝っている。

その後も、ヤマニンモアー（六一年天皇賞・春）、ケンホウ（六二年桜花賞）、オーハヤブサ（六二年オークス）、アサホコ（六五年天皇賞・春）、アサデンコウ（六七年ダービー）、そしてヒカルタカイと、次々とビッグレースを制していった藤本は、一九七〇年（六十七勝）と七一年（六十三勝）には二年連続でリーディングトレーナーにも輝いている。

だが、それ以降の藤本はビッグレースには縁がなくなり、勝ち星も年々減少していった。日本調教師会の役員として美浦トレーニングセンターへの移転問題や厩務員の労組問題に熱心に取り組むようになっていたこともその原因のひとつだった。

頑固な「馬づくりの職人」というタイプの人間が多かったむかしの調教師のなかで、馬主経済とか労務管理といったことを第一に考えていた藤本は異色の調教師だった。そんな藤本に「ホースマン」ということばは似合わないかもしれないが、「偉大なる厩舎人」だったとはいえる。

# 稲葉幸夫

## 「牝馬づくりの名人」は競馬界の紳士

7

「牝馬づくりの名人」、「牝馬の稲葉」――。

稲葉幸夫はそう言われた。

桜花賞二勝、オークス五勝、エリザベス女王杯二勝という記録もさることながら、驚かされるのは、調教師として勝ち取った五十の重賞のうち、じつに三十が牝馬によるものだということだ。断っておくが、現在とは違い、クラシック戦線を除けば牝馬の重賞が数えるほどしかなかった時代での話である。稲葉がいかに牝馬を育てることに卓越していたか、数字が物語っている。

もうひとつ、稲葉幸夫ときいてイメージするのは、職人気質の人が多かったむかしの調教師にはめずらしく、学者のような雰囲気を漂わせていたことである。稲葉について書かれた記事には「折り目正しい」とか「論理的」といった表現がよくでてくるが、おそらくそれは、弁護士をめざし、華族の邸宅に書生として住み込んでいたという少年時代の経験とも関係しているのだろう。

稲葉は一九〇八年九月四日に、父が働いていた北海道新冠の宮内省新冠御料牧場でうまれた。九人きょうだいの四番めだった。長兄は調教師となる稲葉秀男で、母の四人の弟（美馬孝之、信次、勝一、武雄）も騎手や調教師をしていた。

うまれたときから周囲に馬がいて、高等小学校の高学年になると毎日のように馬に乗っていた稲葉だが、学業にも秀でていて、高等小学校を卒業すると弁護士を志して上京する。父が御料牧場で働いていたつてで入江為守《ためもり》子爵（昭和天皇の侍従長だった入江相政《すけまさ》の父）の書生となり、旧制開成中学の夜学校に入学する。ところが、夜学校をでても上級学校の受験資格を得られないために、二年後には目黒競馬場で独立していた兄の秀男のもとに移り、昼の順天中学に編入している。

　これが稲葉の運命を変えた。幼いころから馬と接してきた稲葉は、厩舎に住んだことで競馬の世界への興味が膨らみ、中学四年の二学期に出奔するのである。学校にかよわせてくれた兄に「騎手になりたい」とは言えずに、当時鳴尾競馬場（兵庫県）で騎手をしていた叔父の美馬信次のもとに転がり込んだのだ。一九二六年十二月、数日後には年号が大正から昭和にかわる、十八歳の冬のことである。

　二か月後の一九二七年一月、叔父に連れられて東京に戻った稲葉は兄の弟子となり、一年後に騎手デビューする。騎手は戦争で競馬が中止になるまでつづけたが、体が重い稲葉は障害に乗ることが多かった。それでも百七十四勝（うち百三勝が障害）という成績を残し、中山大障害（一九三四年キンテン）と皐月賞（一九三九年ロックパーク）の初代優勝騎手として名前を残している（ともに調教師は兄の秀男）。おもしろいもので、稲葉は調教師として八大レースに十三勝しているのだが、唯一勝てなかったのが皐月賞だった。

　その一方、一九三八年には調教師免許を取得し、調教師兼騎手となった稲葉は、一九四一年に調教師としてははじめての重賞を勝ち取っている。「牝馬の稲葉」らしく、最初の重賞優勝はオークス（テツバンザイ）だった。

戦時中、競馬が中止になったときには馬事公苑で日本競馬会の馬曳事業（中間種の馬車での運送業）に従事した稲葉は、競馬が再開してからは東京競馬場に厩舎を構えている。そして、最初に勝った重賞もやはり牝馬、ヤマトナデシコによる中山記念だった。

国営時代の稲葉厩舎はとくべつめだった存在ではなかったが、中央競馬となった一九五四年には天皇賞（秋）に優勝する。これもまた牝馬のオパールオーキットだった。この馬は競走馬不足を補うために大井競馬場がオーストラリアから輸入した牝馬で、大井で十九勝し、四歳の秋に稲葉厩舎に移籍してきたのだった。

どうしても牝馬の話題が先行してしまう稲葉厩舎だが、牡馬にもすばらしく強い馬が出現した。ヤマトナデシコの孫にあたるヤマトキヨウダイである。一九六四年には天皇賞（秋）と有馬記念を連覇するなど重賞四勝をあげたヤマトキヨウダイは、最優秀五歳以上（現四歳以上）牡馬にも選ばれた。

ヤマトキヨウダイが活躍した翌年にはパナソニックという牝馬が安田記念と七夕賞に勝っている。この馬ではじめて重賞勝ちを収めたのがデビュー二年めの嶋田功だった。のちに『優駿』の連載記事「厩舎ぶらり歩き」（一九八六年一月号、文・今井昭雄）で、稲葉は弟子の嶋田についてこんなふうに語っている。

〈厩舎が好成績を残すためには腕の立つジョッキーに乗ってもらうことも大事なことのひとつです。その点、私のところの（嶋田）功には乗り役として全幅の信頼がおける。功は馬への当たりが柔らかい。とりわけ、牝馬に対する当たりの柔らかさには天才的な要素があると思いますね。〉

ここから稲葉厩舎の黄金時代が幕を開ける。

一九六九年には生涯最高となる六十一勝をあげて調教師成績で三位（関東二位）に躍進すると、一九七一年にはナスノカオリで桜花賞を制覇。その翌年はタケフブキで二度めのオークスに勝っている。この年は五十一勝で、関西の武田文吾に一勝及ばずに全国一位は逃したが、関東のリーディングトレーナーの座を射止めている。

そして迎えた一九七三年は稲葉厩舎がもっとも輝いた一年となった。ナスノカオリの妹ナスノチグサで二年連続でオークスに勝つと、その翌週にはタケフブキの弟タケホープでダービーに優勝するのだ。国民的アイドルになっていたハイセイコーを破ったことで〝悪役〟のように見られてしまったタケホープだが、その後も菊花賞と天皇賞（春）に勝ち、歴史的な名馬となった。ちなみに、クラシックの頂点であるオークスとダービーをおなじ年に制した調教師は、一九三三年の尾形藤吉（クリフジが二レース制覇）、一九五一年の田中和一郎（トキノミノル、キヨフジ）以来、史上三人めである（その後も二〇〇四年の松田国英、二〇一七年の藤沢和雄しかいない）。

さて、タケホープによってそれまでとはちょっと違った脚光を浴びた稲葉だが、牝馬の活躍は止むことがなかった。

一九七六年にはテイタニヤで牝馬の二冠を制覇すると、秋にはエリザベス女王杯をディアマンテで勝ち取っている（テイタニヤは四着）。メジロラモーヌの登場によって〝牝馬三冠〟という呼称がうまれる十年も前に、稲葉は三歳牝馬の主要三レースを完全制覇していたのである（そもそも、当時は〝牝馬三冠〟という考えが競馬界にはなかったのだが）。

ところで、前出の『優駿』の記事のなかで、稲葉は、調教師として成功した秘訣のひとつとして「仔分けに徹底したこと」と語っている。活躍した馬の牝系——とりわけ日本の古い牝系——を大切にし、その一族から誕生した馬をまた引き取って管理する。それを徹底してつづけてきたことが調教師としての成功につながった、と稲葉は言うのだ。

テイタニヤもディアマンテもそうして誕生した名牝だったが、その典型的な例が一九八一年のオークス馬テンモンだ。母レデースポート（一九七三年のオークスでナスノチグサの三着）、曾祖母ヤマトノハナ（一九六〇年京王杯オータムハンデ、ヤマトキヨウダイの従姉）、そして五代前の母ヤマトナデシコと稲葉厩舎ゆかりの母系からうまれた名牝である。

血統表の母系を五代前まで遡って、代々の馬を管理してきた調教師はいったいどのくらいいるだろうか。ただ強い牝馬をつくるだけでなく、母系を大切に育てたこともまた「牝馬の稲葉」と呼ばれるゆえんである。

しかし、そんな稲葉も晩年は勝ち星が落ち込み、やがて競馬界を去るときがくる。最後の勝ち星はもちろん牝馬。一九八二年のエリザベス女王杯に勝ったビクトリアクラウンの娘で、ビューチフルロマンという、稲葉の掉尾にふさわしい馬だった。

一九八九年二月、稲葉は八十歳で調教師を引退した。日本競馬会、国営競馬を含めた通算成績は一万四百二十二戦千四百五十一勝（中央競馬では八千四百十四戦千百三十三勝）。年号が大正から昭和にかわろうとするときに競馬界に飛び込んだ弁護士志望だった少年は、昭和が平成にかわったときはロマンスグレーの老紳士となり、競馬界から退いた。

# 松田由太郎

## 無口で無愛想でも馬主の信頼は厚く

8

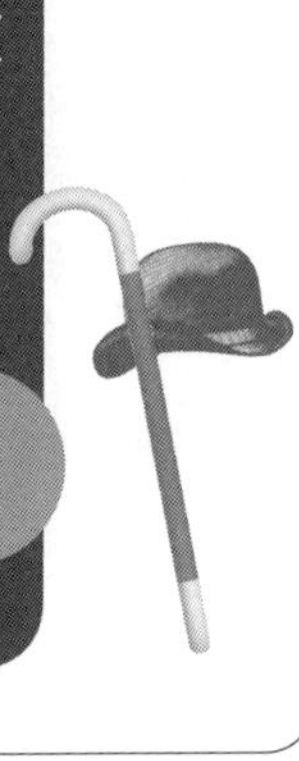

中央競馬での成績は六千七百十八戦八百十四勝。日本競馬会（百十五勝）、国営競馬（二百二十七勝）を加えた通算勝ち星は千百五十六勝となり、重賞勝ちも三十七を数える。そしてなによりも、二頭のダービー馬キーストン、ロングエースをはじめ、タマツバキ、シンツバメ、タカツバキ、ロングワン、リニアクイン……と、その時代時代のファンの記憶に残る名馬を育てた調教師である。

それなのに、松田由《よし》太郎《たろう》がどんな調教師だったのか、イメージがわかなかった。それは、自分が関東で競馬を見ていた人間であり、松田の晩年の馬しか知らなかったからだと思っていたのだが、今回、ほんとうの理由がわかった。松田は口が重い人なのだ。取材が嫌いとか、そういうわけではない。唯々無口なのだ。たとえば、定年引退した調教師の生涯がまとめられた『調教師の本Ⅱ』の松田のページは夫人や弟子たちの談話ばかりで、一瞬、だれが主役なのかわからなくなるところもある。また、松田を取材した記事を読んでみても、いつも傍らに夫人がいて、助け船をだしていたことが窺える。ロングワンが阪神三歳ステークス（当時）に勝ったあと取材した西野広祥《ひろよし》（早稲田大学講師、のちに慶応大学教授）などは原稿をこんなふうに結んでいる。

〈奥さんが笑顔で助言するのを、松田調教師はじっと耳を傾けて聞く。たいへん仲のいいご夫婦のようである。〉（『優駿』一九七一年三月号「うまや訪問」）

松田由太郎は一九〇九年三月二十五日、京都府京都市下京区西塩小路でうまれた。父親は大工で、松田が十歳のときに、おなじ下京区の遊郭で知られた島原に越している。勉強が嫌いだった松田は尋常小学校を卒業したあと進学を拒んで染物屋に丁稚にだされたが、奉公先の娘とけんかして一年で家に戻ってしまう。これが競馬界への道を開いた。島原の家の近くに馬を乗せて日銭を稼ぐ借馬屋《しゃくばや》があり、興味をもった松田は、馬の手入れをするかわりにただで乗せてもらっていた。それを見ていたのが、借馬屋の筋向かいでお茶屋を営んでいた青木という人物だった。島原界隈の顔役でもあった青木は、「そんなに馬が好きならば」と伊藤勝吉を紹介してくれたのだ。

一九二三年、十四歳になった松田は鳴尾競馬場に厩舎を構えていた伊藤勝吉に弟子入りし、三年の修業を経て騎手になり、十七歳で初勝利をあげた。しかし、当時は馬の数そのものが不足していて、師匠の伊藤も騎手をしていたこともあって、松田にまわってくる馬はすくなかったが、二十歳を過ぎたころから障害を中心にしてすこしずつ勝ち星も増えはじめていた。

二十六歳で結婚した松田は、その二年後の一九三七年に調教師となり、鳴尾競馬場で独立した。一九四〇年には阪神競馬場に厩舎を移し、四三年末までに七十九勝している。しかし、戦火が激しくなった四四年に徴用され、海軍舞鶴海兵団で訓練を受けていたが、戦地に赴くことなく終戦を迎えている。

一九四六年秋に日本競馬会が競馬を再開すると、松田は京都競馬場に厩舎を移して参戦する（記録では一九四四年から京都所属となっている）。そのころの松田厩舎の屋台骨となったのが、アラブの名馬タマツバキである。三歳から六歳まで七十五戦して三十五勝（うち障害一戦一勝）。一九四九年の第一回読売楯争奪アラブ東西対抗（のちの読売カップ、一九七三年を最後に廃止）の優勝馬としても知られる。六歳秋には八十三キロの重量を背負ってオープンに勝っているが、これは国営、日本中央競馬会をつうじての「最高負担重量優勝馬」として残っている。これらの功績を称え、一九五五年にはアラブの重賞としてタマツバキ記念が創設されている（一九九六年からは地方競馬に移り、二〇〇七年までつづいた）。

五歳のタマツバキが十六戦十一勝の大活躍をしていた一九五〇年には、松田は人生初のビッグタイトルを手にする。オーエンスの天皇賞（春）である。ところが、九頭立ての八番人気で、まさか勝つとは思っていない松田は乗馬用の長靴を履いてきて（馬場状態が悪かった）、松田も馬主もネクタイをしてなかったという。ただ、残されている記念写真を見ると、たしかに馬主はノーネクタイだが、松田は長靴を履いていても、だれかに借りたのかネクタイはしている。日頃から松田は従業員にはきちんと散髪をするように言い、自分自身も身だしなみに気を遣う人だったそうだから、よけいに「ノーネクタイの天皇賞」の記憶が強くインプットされたのだろう。

無口で無愛想、馬主にお世辞のひとつも言えなかった（夫人談）という松田だが、

『調教師の本Ⅱ』に集められた談話からおしはかると、おだやかでやさしく、まじめな努力家で、周囲に気を配る人だったようだ。だから、営業トークは苦手でも、人を介して大馬主が馬を預けるようになり、いつしか毎年のように有力馬がはいってくる厩舎になっていた。

中央競馬になって二年めの一九五五年には三十三勝（全国十六位、関西十位）をあげると、翌五六年は四十二勝をマークし、全国十一位（関西六位）になっている。一九八五年に二十六勝で全国十位（関西六位）という記録があるが、勝利数ではこの年が生涯最多ということになる。

そして一九六〇年にはトキノキロクで桜花賞に優勝する。馬主は「ノーネクタイの天皇賞」の桶谷辰造。大阪で繊維品の製造卸業を営んでいた人物で、厩舎を開業した当時から馬を預けてくれていた、松田にとって大恩人である。

さらに翌六一年にはシンツバメで皐月賞に勝っている。シンツバメは二冠馬コダマの弟で、馬主もおなじ伊藤由五郎である。武田文吾の項でも書いたが、伊藤由五郎の有力馬を預かっていた伊藤勝吉は、体が小さかったコダマを武田文吾に頼んだ経緯もあって、弟のシンツバメも弟子の松田にまわしたのではないか――。わたしはそんな想像もしたが、ともあれ、師匠の計らいもあって松田はふたつめのクラシックを手にしたのだった。

ところで、松田由太郎厩舎を語るとき、避けてとおれないのが二度の落馬事故である。

最初は一九六七年十二月の阪神大賞典で、馬はキーストン（馬主・伊藤由五郎）。一九六五年のダービーを逃げきった小さな快足馬は、逃げきり目前だった引退レースの直線で左前脚を脱臼、前のめりに倒れた。そのあと、痛む脚をぶらつかせながら落馬した山本正司のもとに歩みよったシーンはいまも語りぐさとなっている。先の『優駿』の記事で、松田はキーストンの最期について西野広祥に語っている。普通の馬は注射を打って五分ほどで息をひきとるのに、キーストンは心臓が強かったからなのか、十分経っても十五分経っても楽になれなかった。仕事柄、死んでいく馬を何度も見てきた松田も、あのときほどつらかったことはなかったという。

そしてふたつめの落馬が一九六九年のダービーで、一番人気に推されていたタカツバキ（きさらぎ賞に勝ち、皐月賞は三着）がスタートと同時に落馬したのだ。騎手は稲葉幸夫厩舎（東京）の嶋田功だった。松田と稲葉は、稲葉が鳴尾競馬場の美馬信次厩舎にいたときに仲良くなり、東京と京都にわかれても協力し合っていた。一九七六年に稲葉がテイタニヤとディアマンテをエリザベス女王杯に出走させた際には、娘婿の松田幸春がディアマンテに騎乗して優勝している。

　タカツバキの落馬から三年後の一九七二年、松田はロングエースで二度めのダービーを制している。三強と呼ばれたランドプリンス、タイテエムと三頭が競り合った直線はダービー史に残る名勝負である。ところで、ロングエースのひとつ上の兄が重賞五勝の名マイラー・ロングワンで、弟には一九七五年のクラシックで活躍（皐月賞四着、ダービーと菊花賞二着）したロングファストがいる。母ウインジエストは一九七〇年代を代表する名繁殖牝馬として名高いが、これは松田が馬主の中井長一の馬を買うときに、弥生賞などに勝つことになるタマシユウホウ（稗田敏男厩舎）とどっちにするか悩んでいたが、引退後に仔分けの繁殖牝馬にすることも考えてウインジエストを選んだのだという。また、七〇年代の松田厩舎にはロングホーク（大阪杯など重賞五勝）もいて、オールドファンには松田厩舎といえば「ロング」というイメージもあるだろう。

　わたしが知る松田由太郎厩舎でもっとも印象的な馬は一九七七年のオークス馬リニアクインである。この年は七〇年代から八〇年代の最強牝馬世代と評されたほど牝馬のレベルが高く、オークスの優勝タイムはダービーより〇・六秒も速かった。その頂点に立ったのがリニアクインなのだが、この馬の馬主もずっと松田を応援してくれている桶谷辰造である。松田は馬主に仔分けの牝馬を世話し、なじみの牧場に預けていたが、リニアクインは桜花賞馬トキノキロクの孫という血統で、生産者はともに浦河町の村下牧場である。

一九八〇年代にはいると、勝ち星こそコンスタントにあげていたが、ビッグレースから遠のいていく。それでも一九八八年にはタマモクロスの妹ミヤマポピーでエリザベス女王杯を制した。稲葉幸夫、奥平真治につづいて、いわゆる「牝馬三冠」を成し遂げた調教師になった。

その一年三か月後、松田は八十歳で定年引退する。翌年刊行された『調教師の本Ⅱ』は「夫婦の取りえは、けんかの味を知らないこと」という、夫人のことばで締められている。

# 上田武司

## 「炭鉱王」がスポンサーの大厩舎

9

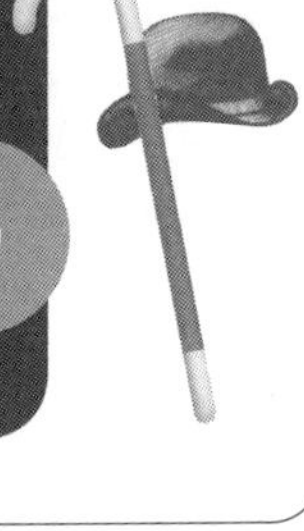

上田武司という名前をきいて、どんな調教師だったのかすぐに答えられるファンはどのくらいいるだろうか――。かくいうわたしも、関西の大厩舎だったことは知ってはいたが、上田厩舎の馬で記憶にあるのはスズカシンプウ（一九七九年日経新春杯）だけで、そのスズカシンプウから上田武司という調教師を連想できなかった。

上田は昭和三十年代から四十年代はじめにかけて一時代を築いた、関西を代表する調教師だった。中央競馬では歴代十三位となる千二十一勝をあげ、国営時代と合わせて四十の重賞に勝っている。管理した馬のなかにはダイナナホウシユウ、ダイコーターといったビッグネームもいる。

それほどの名調教師なのだが、不思議なことに、いくら探しても上田について書かれたものを見つけられなかった。それどころか、勝ちとった大レースの記事を見ても、上田の短いコメントすら載っていないのである。

その理由は意外なところから知ることになる。上田は一九七九年二月十三日——スズカシンプウが日経新春杯に勝った一か月後——に急性心不全により六十九歳で亡くなっているのだが、そのときに後輩の布施正が『優駿』（一九七九年四月号）に寄せた追悼文である。

「ものをいわない人」「口数のすくない人」「人の前では絶対にあいさつはしないという信念を終生曲げなかった人」と、短い追悼文のなかに似たような表現がいくつも並んでいた。弟子の中島敏文の結婚式に「あいさつをさせられるなら出席しない」とだだをこねたこともあったと布施は書いている。

これを読んで、上田武司という人物像がおぼろげながら想像できた。同時に、雑誌や新聞に話が載っていないのもわかった。おなじ無口でも、前項の松田由太郎は取材は受けているのだから、かわいいほうである。

というわけで、本稿は、その乏しい資料を頼りに、わたしの推測もくわえながら上田武司という調教師について書いていく。

上田は一九〇九年四月四日に福岡県の小倉市北方（現北九州市小倉南区北方）にうまれた。競馬社会にはいったのは一九二四年七月のことで、福岡県立中学明善校（現福岡県立明善高校）を中退し、小倉競馬倶楽部（小倉競馬場）の森文一厩舎に入門している。

上田が中退した明善校は久留米藩（有馬記念で知られる有馬頼寧《よりやす》の祖父が最後の藩主）の藩校の流れをくむ名門校である。それを考えると、生家はそれなりに余裕があり、上田もまた学業にすぐれた少年だったと思われる。

当時のエリートコースを捨ててまで競馬社会にはいった理由は不明だが、上田は森厩舎にはいって三年後の一九二七年に調教師兼騎手の資格を得ている。騎手デビューすると同時に厩舎を構えて独立したのは十八歳のときだった。それだけでも上田がどれだけ優秀な少年だったかがわかる。

上田は一九四二年まで騎手をつづけ、通算成績は千六十六戦百六十勝。大きなレースに優勝したという記録はない。一九三九年には和田三千夫という少年が上田のもとに弟子入りする。のちに上田の養子となり、戦後は上田厩舎のエースジョッキーとして活躍する上田三千夫である。

終戦後、上田は京都競馬場で調教師となった。日本競馬会の成績は不明だが、『国営競馬統計』で確認できる国営時代の成績を見ると、一九五一年は八十四勝をあげて全国二位になっている。これは確認できる上田自身の最多勝でもある。さらに五二年六十八勝（全国三位）、五三年七十六勝（全国三位）、五四年は国営と中央競馬を合わせて七十勝（全国四位）という記録が残っている。

一九五一年、上田厩舎はサチホマレではじめての重賞（チャレンジカップ）勝ちをはたしている。サチホマレは菊花賞でもトラックオーの二着になり、京都記念にも二勝（五一年秋、五二年春）している。五三年のダービーで二着、菊花賞も三着だったダイサンホウシユウは、二歳から四歳の春まで走って十五勝、京都杯（現京都新聞杯）と日本経済新春杯に勝った。この二頭の馬主、上田清次郎との出会いが上田厩舎を大きく変えることになる。

福岡でいくつもの炭鉱を所有し、「炭鉱王」の異名をとった上田清次郎は、復興期の日本を象徴するような大金持ちだった。もともと博打、とりわけ競馬が好きだった上田清次郎が馬主になったのは戦後間もなくで、中央競馬では五度（一九五四、五五、五六、六二、六七年）リーディングオーナーになっている。また、一九六七年には北海道白老《しらおい》町に上田牧場を開いたほど競馬に熱を入れていた。

その上田清次郎の代表馬が、競馬が国営から中央競馬に移行するときに活躍したダイナナホウシユウ、上田武司厩舎に最初のビッグタイトルをもたらした馬だ。ダイナナホウシユウは小さな体で、スタートから飛ばして逃げる快速馬だった。デビューから皐月賞まで十一連勝という記録は、日本競馬会、国営、中央競馬をつうじてサラブレッドの最多連勝タイ記録として残っている（ほかにクリフジなど四頭）。ダイナナホウシユウは菊花賞と天皇賞（秋）も逃げて勝つのだが、ダービーではスタートでほかの馬と接触して大きく出遅れ、四着に負けている。

上田清次郎という大スポンサーを得た上田厩舎は関西屈指の大厩舎となっていく。一九六四年には六十二勝で関西のリーディングトレーナーになった（全国で二位）。五八年と六三年には上田清次郎のホウシユウクインとミスマサコで桜花賞にも勝っている。

ところで、「口数がすくなく、ものをいわない人」だった上田は、意外なところで能力を発揮している。厩務員組合との労使交渉をスムーズにまとめてしまったのだという。

布施正は「競馬の社会でのもっとも大きな功績」だと先の追悼文で称えている。

〈わたしが、一番に挙げたいのは、（筆者注・昭和）三十四年ごろから始まった労働攻勢の激動期を独特の手腕で切り抜けたことです。関西では最初、第一、第二と組合がわかれており、これを一本にまとめたのも上田さんの力です。爆竹騒ぎのあったのは確かコダマの菊花賞（三十五年）だったと記憶していますが、そういった組合を相手に、いまのように労使相互間に大きなパイプがつながったのも、上田さんだからこそできえたのです。〉

そんな上田を、布施は「頭がよくて、人の意見によく耳を傾け、とにかく部下を使うのがうまかった」と評している。上田は一九六二年に五十三歳の若さで日本調教師会の関西本部長になっているが、それだけ人望が厚かったということだろう。

そして一九六五年の夏、上田厩舎にダイナナホウシユウ以来の大物がやってくる。ダイコーターである。

もともと、ダイコーターはシンザンで知られる橋元幸吉の所有馬だったが、ダービー直前に上田清次郎にトレードされたのだ。その金額はダービーの一着賞金（一千万円）の倍以上とも言われ、「ダービーを金で買うのか」という批判もあったという。上田厩舎の最初の重賞勝ち馬サチホマレもトレードで手にしているように、上田清次郎は欧米の馬主のようなドライな考えをもっていたようだが、ダイサンホウシユウとダイナナホウシユウで勝てなかったダービーをどうしても取りたいという思いが強かったという。

しかし、一番人気のダービーはライバルのキーストンに逃げきられて二着に終わった。それでも夏に上田厩舎に移籍したダイコーターは菊花賞でダービーの雪辱をはたしている。上田厩舎にとって六つめのビッグタイトルとなった。

だが、ダイコーター以降、上田厩舎は下降線をたどっていく。勝ち星こそ三十勝台から四十勝台をキープしていたが、ビッグレースには縁がなくなっていた。その背景のひとつに、上田清次郎の本業に陰りが見えてきたこともある。炭鉱事故が相次ぎ、主要なエネルギー資源も石油にかわりつつあった。

そうした状況のなかで上田厩舎を支えていたのは障害レースだった。上田は都合四十の重賞に勝っているが、その四割にあたる十六が障害なのだ。これには馬主の上田清次郎が障害に積極的だったこともある。なにしろ、ミスマサコやダイコーターでさえ晩年は障害に転向させているのである。オールドファンになつかしいところでは、タケホープとハイセイコーが鼻差の競り合いを演じた菊花賞で二番人気（十二着）に支持されたホウシュウリッチもまた障害に転向している。

また、大厩舎だった上田厩舎には所属騎手も多く、騎乗馬に恵まれない騎手たちが障害レースでチャンスを得ていたという側面もあった。そのなかには、のちに調教師となる瀬戸口勉や松田博資《ひろよし》がいた。

上田武司が亡くなって四十年以上がすぎた。マスコミに向かってなにかを語ることはほとんどなく、それゆえに昭和の関西を代表する調教師でありながら名前はあまり知られていない。しかし、「なにも語らなかった調教師」の遺志は、名調教師となった弟子たちをとおして今日の競馬にも受け継がれている。

10

# 増本勇

## 生家の生産馬でダービーを制す

増本勇は中央競馬では七千五百九十一戦九百七十九勝という成績を残している。これは、二〇二四年末現在、中央競馬の歴代十九位の勝利数になるが、確認できた国営競馬時代（一九五一年以後）の成績をくわえれば千九十一勝になる。しかし、それだけの成績を残した調教師なのだが、一九八〇年代にはいってからは急激に成績が落ち、最後の六年は一桁勝利にとどまっている。そのせいか、実績のわりに印象も薄い。

増本は勝った重賞は十七とすくないが、ボストニアンとテイトオーでダービーを二度制している。しかもテイトオーは兄の増本孝一が生産した馬である。二〇二四年現在、複数回ダービーを勝った調教師は尾形藤吉の八勝は別格として、現役を含めて三勝四人、二勝は十五人いるが、生家が生産した馬でダービーに勝った調教師は増本のほかにいない。

増本勇は一九〇九年十月五日に北海道静内郡静内村（現新ひだか町）にうまれた。生家は静内でもっとも古い牧場のひとつである。

増本家は祖父の代に淡路稲田家の家臣団として静内に入植している。一八六九年の庚《こう》午《ご》事変（徳島藩主・蜂須賀家の家臣が、淡路の分離独立を求めた家老稲田氏の家臣を襲撃した事件。淡路島が兵庫県に編入されるきっかけになった）によって、稲田家の家臣は明治政府から北海道の開拓を命じられたのだが、静内に最初に入植したのが稲田藩士たちということもあり、静内周辺の生産牧場にはその末裔が多い。

牧場をはじめたのは父の豊次だった。増本牧場については宇佐美恒雄（当時の『優駿』編集長）の「ダービー馬のふるさと」（『優駿』一九六六年七月号）に詳しいが、それによれば、札幌農学校（北海道大学の前身）を卒業した豊次は、顔にやけど痕があったことで世にでることを嫌い、静内で馬産をはじめたのだという。豊次が本格的に競走馬の生産に着手したのは一九二一年ごろで、タケゾノ（一九二四年函館）とマドンナ（一九三〇年札幌）という牝馬で二度、帝室御賞典に勝っている、静内きっての名門牧場である。

そこでうまれ育った増本勇も自然と馬になじんでいたが、牧場は兄たちに任せ、苫小牧工業学校を卒業すると、「一年志願兵」（徴兵令下、当時の中等学校以上を卒業し、陸軍の予備・後備の将校を志願して特定の試験に合格すれば、現役一年、予備役二年に軽減された）に合格して一年間将校として現役に服している。その後、富士製紙に勤めていたが、二十六歳になる一九三五年に京都競馬場の美馬信次に弟子入りしている。

一九三六年春に騎手免許を取得した増本だが、体が大きかったため、最初から調教師をめざしていたという。調教師免許を取得した時期は不明だが、一九四〇年には生家が生産したイサムトロフヰ、イサムオーダーなどを持って独立している。そのなかからイサムトロフヰがダービーに出走し、五着になった。競馬の社会にはいってわずか五年である。これだけでも増本の調教師としての資質が感じられるのだが、すぐに戦争がはじまり、小さな厩舎はめだった成績を残せないまま、競馬は中止になった。

戦後、再開した京都競馬場に戻った増本は、一九四八年にはハマカゼで桜花賞に勝っている。終戦の半年前に下総御料牧場でうまれたハマカゼは、大種牡馬ダイオライトを父にもち、母のクレオパトラトマス（繁殖名・月城）は帝室御賞典（東京）など十六勝した名牝で、弟にダービー馬クモハタがいる良血馬である。ハマカゼは三歳から五歳まで走って四十七戦十三勝、菊花賞で二着となり、翌年の京都記念（春）に勝っている。付記すれば、ハマカゼは梅城という血統名で繁殖牝馬となり、ゴールドシップの六代前の母としてその名を残している。

確認できた国営競馬の成績では一九五一年は二十八勝で、勝ち数だけでは全国十九位タイとなる。翌五二年は三十二勝で十八位タイで、生家の増本牧場の生産馬トキデンコーで京都記念（秋）に勝った。馬主も長兄の増本孝一だった。

そして一九五三年は二十七勝で二十四位だったが、この年は二冠馬ボストニアンが登場する。北海道浦河町のヤシマ牧場にうまれたボストニアンは、貿易業を営む岡本治一が知り合いのアメリカ人と共同で購入した馬で、そのアメリカ人がボストン出身だったことで名付けられた。皐月賞ではおなじヤシマ牧場生産馬ハクリヨウ（尾形藤吉厩舎）を一馬身差で下し、史上最多の三十三頭立て（三十五頭がエントリーし、二頭が出走取り消し）となったダービーは二着のダイサンホウシユウに二馬身の差をつけて勝っている（ハクリヨウは三着）。菊花賞はハクリヨウに雪辱されて二着に敗れ、セントライト以来の三冠馬にはなれなかったが、引退後は増本牧場で種牡馬となっている。

一九五四年九月に日本中央競馬会が発足する。増本はこの年は国営と中央を合わせて三十二勝で全国十三位タイ、中央競馬の一年をつうじての最初の記録となる一九五五年は三十三勝で、全国十五位だった。そして翌五六年からは四十八勝（九位）、五十勝（七位）、五十五勝（六位）とトップテンの常連となっていた。

一九五七年はアラブのタカシオで春秋のタマツバキ記念を勝ち、年末にはメイジミドリで阪神三歳ステークス（当時）に勝った。メイジミドリは次兄の増本忠孝の生産馬で、クラシックは皐月賞十二着、ダービー十九着だったが、秋の京都記念に勝っている。増本厩舎はこの年のダービーに二頭出走させていて、もう一頭は孝一（増本牧場）が生産したキタデンコーで、最下位の二十五着だった。

一九五九年から六一年も三十勝台から四十勝台の勝ち星はあげ、順位も十位台を保っていた増本厩舎は一九六二年から六六年の五年間に全盛期を迎えている。一九六二年は四十九勝をあげて全国六位、六三年は五十四勝で全国四位まで順位を上げると、翌年も五十二勝で四位を保っている。六五年はちょっと落ちて四十六勝（九位）だったが、六六年は増本にとって生涯最多となる五十六勝を記録し、リーディングでも三位に躍進している。

この期間、増本厩舎の中心となって活躍していたのは兄たちの馬だった。一九六二年には忠孝の生産馬イーグルが京都記念（秋）に勝ち、六四年には増本牧場の生産馬で、孝一が所有する三歳牝馬マスワカが活躍、桜花賞（九着）にも出走し、秋には阪神牝馬特別（現阪神牝馬ステークス）に勝った。そして六六年には増本牧場の生産馬テイトオーで二度めのダービーを制している。

テイトオーは静内産馬としてははじめてのダービー馬となったが、第一回のダービーにも生産馬（十二着オリンパス）が出走していた増本牧場にとってもダービーは悲願だった。また、テイトオーの馬主、北村平三郎（北平寿染工社長）は戦前から馬を持っている人で、増本兄弟にとってたいせつな顧客でありスポンサーだった。増本牧場では「北村さんにダービーを取ってもらいたい」と一番いい馬を用意していたという。ダービー当日は増本牧場からは孝一の息子一男（のちに日高軽種馬農協組合長、静内町町長）が競馬場に来ていた。表彰台では恩人の北村とともに調教師の叔父と生産者の甥が並んで立った。

テイトオーのダービーのあとも増本厩舎は三十勝台をキープしていた。重賞はなかなか勝てなかったが、一九七〇年に四年ぶりの勝利がタマホープの京都杯（現京都新聞杯）である。タマホープは翌年の鳴尾記念にも勝つのだが、この馬は大きな体で脚が細く「〝ガラスの脚〟そのもの」と言うのは装蹄師の柿元純司である。のちにトウカイテイオーの装蹄師として有名になる柿元は、長年増本厩舎の馬の装蹄をしていて、著書『装蹄師』のなかで、増本を「人生の師匠」と書いている。元軍人の増本は折り目正しい厳しい人だったが、新入りの柿元にも目をかけてくれる優しさがあったという。また、なにごとにも几帳面で、馬の体重を量って管理しはじめたのは関西では増本が最初だったそうだ。

一九七〇年代になると、増本厩舎の成績も徐々に落ち込んでいくのだが、一九七五年は四十一勝をあげて全国二位になっている。順位でいえば、自身最高位である。この時期の活躍馬には七四年の函館三歳ステークス（当時）に勝ったホシバージがいる（七五年は条件戦で三勝）。テンポイントがひさしぶりに勝利をあげた七七年の京都記念（春）で首差の二着になった馬だ。増本勇厩舎の重賞勝ち馬を見て、わたしが唯一知っている馬である。

しかし、ホシバージが最後の重賞勝ち馬となった。一九七六年には増本のもとで調教助手をしていた息子の豊が調教師となり、七十歳を超えてからの増本は役目を終えたかのように成績が落ち込んでいく。そして、一九八六年二月に調教師を勇退した増本は、十二月三十日に肺炎のため亡くなった。

付記しておけば、息子の増本豊もまた、増本牧場が生産したヒシノリフオー（関屋記念）とヴァイスシーダー（ニュージーランドトロフィー四歳ステークス＝当時）で重賞に勝っている。

# II

11

# 中村広

## 「一千勝調教師の壁」は厚かった

失礼を承知で書くと、中村広に名調教師という印象はない。むしろ、大先輩から伝え聞いた「戦前戦後の名騎手」というイメージのほうが強い。わたしが競馬を見はじめたころの中村は晩年で、中村厩舎の重賞勝ち馬を見ても、シンザン産駒のゴールデンボート（京王杯スプリングハンデ）、一九八三年天皇賞（秋）で十一番人気で二着になった牝馬のカミノスミレ（目黒記念・春）、そしてクライムカイザー産駒のマイネルブレーブ（共同通信杯）などの記憶が残っているぐらいだ。

そんな中村の調教師人生を書こうとすると、どうしても目がいくのは中央競馬における通算勝利数である。

九百九十九勝――。

中央競馬では二〇二四年末現在で歴代十六位となる記録を積みあげながら、一千勝にあとひとつ届かなかったのだ。あと一勝足りずに、佐藤勇につづく「騎手五百勝、調教師一千勝」に到達できなかった。ただし、中村は一九三五年から五年間、調教師兼騎手をしていて、そのときに九勝（一九三七年一勝、三八年八勝）した記録がある。

中村広は一九一五年五月十日に長野県戸倉町（現千曲市）にうまれた。七人きょうだい（男三人、女四人）の三男だった。

生家は代々村の庄屋で造り酒屋を営んでいたが、父は馬道楽で身代を持ち崩すほどだったという。そうした家の事情もあったのだろう。家督を継ぐはずの長男の一雄は阪神競馬場で騎手になり、中村も十五歳になった一九三〇年六月に兄とおなじ美馬勝一に弟子入りしている。兄の一雄が弟子入りしたとき美馬は東京競馬倶楽部の目黒競馬場で調教師兼騎手をしていたが、関東大震災のあと新潟に移り、その後、阪神競馬場に厩舎を構えていた。

一九三三年四月に京都でデビューした中村は、六月には福島競馬場の帝室御賞典（オーミヤチダケ）に優勝している。十八歳と一か月で当時もっとも栄誉あるビッグレースのひとつを勝ってしまったのだ。兄は「逃げの中村一雄」と呼ばれた名騎手だったそうだが、中村自身が「実質的な師匠は兄だった」と語っているように、兄に厳しく鍛えられた弟もまた天賦の才をもった騎手だった。

華々しいデビューを飾った中村は、二十歳になった一九三五年に群馬県片品村の旧家で観光事業などを手がける千明賢治（千明牧場）の専属騎手として迎えられ、東京競馬場の外厩にあった千明厩舎で調教師兼騎手になった。このとき、前述したように管理馬で九勝しているのだが、そのなかにはマルヌマの帝室御賞典（一九三六年、横浜）、スゲヌマのダービー（一九三八年）も含まれている。一九三七年のダービーで逃げて十着だった初代のミスターシービーも中村が管理・騎乗していた。

五年ほど千明厩舎で調教師兼騎手をしていた中村は、一九四〇年から東京の尾形藤吉厩舎に移り、騎手に専念している。師匠の美馬勝一の次兄美馬信次が尾形の弟子だったことで、中村は尾形厩舎で世話になることになったという。

一九四二年、中村は松竹歌劇団（ＳＫＤ）の人気踊り子だった重子（芸名・市村菊子）と結婚する。重子は東京の千明邸に近い理髪店の娘で、間をとりもった千明賢治が病床にあったため、息子の千明康（二冠馬メイズイなどの馬主）が仲人をつとめた。

騎手一本に戻った中村は一九四三年には皐月賞に勝っている。馬はダイエレクトといい、東京に厩舎を構えていた兄の中村一雄の管理馬だった。しかし、戦争が激しくなると競馬も中止となり、中村は家族とともに故郷の長野に疎開し、果樹園を営んで生活していた。

戦争が終わり、一九四六年に日本競馬会が競馬を再開すると、中村は東京競馬場の古野庄三郎厩舎の所属騎手になった。古野は美馬厩舎時代の兄弟子だった。ただ、兄の一雄は、一九四〇年の「投票拒否事件※」や戦争で弟子が亡くなったことなどもあって競馬界から離れていた。

戦後も中村の活躍はつづいた。三十五歳になった一九五〇年には四十九勝をあげてリーディングジョッキーとなっている。翌年、古野が亡くなると、おなじ美馬門下の見上恒芳の厩舎に移り、一九五二年には藤本冨良厩舎のキヨストロングで中山記念、カブトヤマ記念を連勝、一九五四年には稲葉幸夫厩舎のオパールオーキットで天皇賞（秋）に勝っている。

中村は四十歳となる一九五五年に騎手を引退し、調教師に転じるのだが、騎手としては通算五百五勝という記録が残っている。「五百勝騎手」は佐藤勇、蛯名武五郎につづいて史上三人めという偉業でもあった。

東京競馬場で調教師となった中村は一年めからいきなり二十七勝をあげて全国で二十二位（関東九位）にランクインしている。その後も三十八勝、四十四勝、四十勝と勝ち星を重ね、五年めには五十八勝で全国五位に躍進する。さらに一九六〇年には生涯最多となる五十九勝で二年連続で全国五位になると、翌年は五十八勝で全国三位、これが生涯最高位である。この間、ヨシフサでクモハタ記念と安田賞（現安田記念）に勝つなど、八つの重賞に勝っているが、アラブや障害も多かった。

順調に勝ち数を伸ばしながらも大レースに縁がなかった中村厩舎だが、開業八年めの一九六二年についにビッグタイトルを手にする。前年の秋に公営南関東の大井競馬場（東京都）から移籍してきたオンスロートが天皇賞（春）と有馬記念に勝ち、年度代表馬にも選出されるのだ。地方では圧倒的なスピードで二十七戦十七勝という成績を残したオンスロートは、中央にきた当初も先行していたが、中村は芝の中長距離で大きなレースに勝つには追い込みで勝負したほうがいいと考える。それが功を奏したわけだが、名騎手だった人ならではの判断である。

さらにオンスロートの活躍から三年後の一九六五年にはハツユキで桜花賞を勝ち取っている。桜花賞のときは京都競馬場の武田文吾厩舎の世話になった。武田と兄の一雄が仲が良く、武田も中村をかわいがってくれていて、シンザンが関東にきたときには中村が預かったほどの関係だった。

ところで、ハツユキの馬主・玉島幸子は不動産金融業を営む玉島忠雄の妻である。玉島は共同出資で馬を所有するホースマンクラブの代表で、大井競馬場にいたハイセイコーをトレードで手に入れ、中央に移籍させた人物でもある。玉島は一九七一年に神戸製鋼の子会社・神鋼商事と共同出資で北海道新冠町（現新ひだか町）に明和牧場を開設するのだが、このときに場長に迎えられたのが競馬界から離れていた一雄だった。

ハツユキの桜花賞の翌年はシヨウグンがスプリングステークスに勝ち、皐月賞で二着になった。その皐月賞で五着だったオンワードヒルも中村厩舎の馬で、秋のカブトヤマ記念に勝ち、翌年は中山記念とスプリンターズステークスを制している。

そして一九六八年にはアサカオーがクラシック戦線を賑わす。タケシバオー、マーチスとともに「三強」と呼ばれたアサカオーは、皐月賞とダービーは三着だったが、秋になって菊花賞に勝った。

しかし、アサカオーの菊花賞は中村にとって最後の大レース優勝となった。一九七〇年代にはいると、それまでの活躍が嘘のように、中村厩舎は勢いを失っていく。アサカオーが引退した翌年、一九七一年は三十一勝（全国二十位、関東九位）をあげたが、三十勝台はこれが最後となり、関東でベストテンにはいるのも最後となった。一九七〇年代の活躍馬を見ると、ハスラー（毎日王冠）やタケクマヒカル（毎日王冠など重賞三勝）などがいる。関東のオールドファンにはなつかしい名前だろう。

晩年の中村厩舎を支えた馬には、兄の中村一雄が場長をつとめていた明和牧場の生産馬もめだっていた。ベルエアは関屋記念と新潟記念で二着になり、皐月賞馬ハワイアンイメージの妹カズエコーラス（八一年桜花賞八着）やベルベットムーン（八二年桜花賞五着）、バナレット（八七年皐月賞六着、ダービー八着）らがクラシックに出走したが、兄弟で栄光をつかむことはできなかった。また、中村は戦前に専属騎手をしていた千明牧場の馬も何頭も手がけているが、特筆するような活躍馬はだせなかった。

晩年には悲しい出来事もあった。父の厩舎の調教助手を経て一九七六年に調教師になっていた息子の中村貢《みつぎ》が、一九八八年十一月二十一日に馬を探しに行った北海道で心筋梗塞で急逝した。四十五歳だった。貢の厩舎にいた馬は中村の厩舎所属になり、そのなかには一九八九年の共同通信杯四歳ステークス（当時）に勝つマイネルブレーブもいた。

中村広は一九九三年二月末、七十八歳で定年引退となった。最後の勝利は前年の七月十二日、福島競馬第三レースの四歳（現三歳）未勝利戦。ミヤギダイヤという馬だった。そこから引退するまで七十戦、中村厩舎は勝てなかった。

※「投票拒否事件」　武田文吾の項でも書いた「ヒサヨシ事件」に端を発し、かねてから日本競馬会の興奮剤検出法に不信をもっていた調教師騎手会が強く抗議し、一九四〇年十一月二十一日の東京競馬の出馬登録を拒否した事件。中村一雄も武田文吾らと行動をともにしていた。

# 12 橋本輝雄

## 騎手と調教師でダービーに勝った最後の男

国営、中央をつうじての通算勝利数は九百四十五（うち中央は九百三十一）。四十年間の調教師生活で勝った重賞は三十で、ビッグレースはダービーと菊花賞（二勝）、ほかに中山大障害（五勝）とＧＩになってからの朝日杯三歳ステークス（当時）がある。また、年度別の成績では、全国の調教師成績でトップテンにランクインしたのは四回で、最高位は六位（関東二位）である。

　こうして橋本輝雄の記録だけを並べてみると、勝利数こそ多いが、なにか突出した成績を残しているわけではない。しかし、騎手時代から橋本が携わった馬を見てみると、その印象は一変する。カイソウ、クモノハナ、フジノオー、アカネテンリュウ、そしてメリーナイス……。その時代時代に様々な話題を提供してくれた個性的な名馬とともに、橋本の名前は競馬史を彩っているのである。

橋本輝雄は一九一五年六月三十日に北海道静内町（現新ひだか町）の農家に、十三人きょうだいの四男（八番め）としてうまれた。生家はもともと畑作で生計を立てていたが、橋本が小学生のころ父の幾次郎が競走馬の生産をはじめ、地元の競馬で馬を走らせるようになっていた。それを見て、橋本は騎手にあこがれた。

しかし、獣医師になることを望む父と意見が対立、どうしても騎手になりたい橋本は、尋常高等小学校を卒業すると、馬を運ぶ貨車に乗って家をでる。最初は、長兄の忠男と同級生で、中山競馬場で調教師になっていた稲葉秀男のところに行こうと貨車に乗ったのだが、一緒に運ばれたのは東原《とうばら》玉造厩舎に行く馬で、東原に出迎えられた橋本はそのまま弟子入りすることになる。

当時の東原厩舎には第一回日本ダービーの優勝騎手として名前を残すことになる函館孫作などがいた。東原の指導は厳しく、ここで橋本は競馬人としての基本を徹底的に鍛えられた。そして、日本ダービーがはじまった一九三二年に福島競馬場の騎手免許を取得し、翌年には中山競馬場の免許も取得している（当時は競馬場単位で免許が交付された）。

家出までして騎手になろうと思った橋本だったが、その騎手人生は波乱に満ちていた。二十歳のときには横浜競馬場で落馬、頭蓋骨骨折、内臓破裂という重傷を負っている。なんとか一命をとりとめたものの、左目の視力を失ってしまう。さらに、二十五歳のときには腎臓を摘出する落馬事故にも遭っている。

二度めの落馬事故の翌年、橋本は久保田彦之厩舎に移籍し、その三年後にはダービーに優勝する。馬は久保田彦之の弟、久保田金造が管理するカイソウである。だが、この年のダービーは戦争の激化で、馬券を売らない「能力検定競走」としておこなわれた。橋本は観客のいない競馬場でダービージョッキーの栄誉を得たのだった。

終戦後の一九五〇年、橋本は二度めのダービーを制している。馬は皐月賞を楽勝していたクモノハナ。当時、「ダービーは二度勝てない」というジンクスがあったそうで、橋本は史上初の「ダービー二勝ジョッキー」となったのだった。余談だが、当時は騎手も予想ができた時代で、ダービー前日にＮＨＫラジオの人気番組「二十の扉」に出演した橋本は「勝てます」と宣言している。そのときのことを橋本はこんなふうに語っている。

〈あの発言は一世一代の大失敗。あの晩は布団に入っても目が冴えて眠れなかったですよ（笑）〉（『調教師の本Ⅲ』）

橋本が調教師に転じたのはその三年後、一九五三年十月だった。三十九歳のときである。

調教師としては順調なスタートだった。開業二年めには二十勝をあげて二つの重賞に勝ち、六年めにははじめてのクラシック、菊花賞（コマヒカリ）も制した。

そして調教師になって十年が過ぎたとき、橋本厩舎から偉大な障害馬が誕生する。一九六三年の秋から六五年の春まで、中山大障害を四連覇したフジノオーである。四勝めは六十七キロという重量を背負っての大差勝ちだった。

国内では重いハンデが課せられるようになっていたフジノオーは、一九六六年から二年間、ヨーロッパ遠征にでる。外国の障害レースに挑んだ日本馬はあとにも先にもフジノオーだけなのだが、イギリスに渡るとき、オーナーの藤井一雄の強い希望もあって、橋本がフジノオーに同行している。調教師自らが厩務員の役割を担って輸送機に乗り込んだのである。橋本はフジノオーが走る前に帰国しなければならなかったのだが、最大目標であったイギリスのグランドナショナル（一九六六年）はレースの途中で飛越を拒否し、競走中止というかたちで終わった。それでも、二年にわたってイギリスとフランスで走ったフジノオーは十六戦二勝という成績を残している。

国外で日本馬が勝利したのはハクチカラ（一九五九年、アメリカ・ワシントンバースデーハンデ）以来のことであり、その後も、フジヤマケンザンが香港国際カップ（一九九五年、当時はGⅡ）に勝つまで二十八年という歳月を要しているのだ。個人的な意見を述べておくと、これだけ大きな業績を残した名馬にもかかわらず、フジノオーがいまだに（二〇二四年現在）顕彰馬に選出されていないのが不思議でならない。

閑話休題。フジノオーが最初の中山大障害を制した一九六三年から六年間、橋本厩舎は障害レースで輝きを放っていた。一九六八年には東京障害特別・春（リツシユン）と中山大障害・春（フジノホマレ）に勝ち、三十九勝のうちじつに十八勝を障害で稼いでいるのだ。この時期は橋本厩舎の全盛期で、一九六四年には生涯最多となる四十三勝をあげ、調教師成績（全国）でも八位にはいっている。

障害レースの活躍ばかりがめだっていたが、一九六九年には橋本輝雄厩舎の名前をファンに強く印象づけた名馬が登場する。三歳の夏に力をつけ、菊花賞に勝ったアカネテンリュウである。

アカネテンリュウは菊花賞以外にビッグレースの優勝はなかったが、五つの重賞を制し、有馬記念ではスピードシンボリと二年つづけての名勝負を演じるなど、昭和四十年代を代表する名ステイヤーとして人気を博した。アカネテンリュウは遅咲きのステイヤーの代名詞となり、いまもなお語り継がれている。

フジノオー、アカネテンリュウで名をあげた橋本だったが、辛い事故もあった。アカネテンリュウの主戦を務め、橋本厩舎の若きエースとして活躍していた丸目敏栄《としひで》が、一九七一年、日本経済賞の落馬事故で騎手生命を絶たれてしまったのだ。大きな事故を経験している橋本は痛恨の思いだったことだろう。丸目はその後、調教助手を経て調教師試験に合格、一九七九年に厩舎を開業したが、翌年、四十歳の若さで急逝している。

落馬事故で丸目が乗れなくなった影響もあったのか、アカネテンリュウ以降、橋本厩舎は大レースに縁がなくなっていた。それどころか、一九七三年にヌアージターフでセントライト記念に勝ってから六年間、重賞にも勝てなかった。

いつのまにか〝過去の人〟のように思われていた橋本だが、一九八〇年代にはいると、春のクラシック戦線で脚光を浴びることになる。八〇年にはオークスで一番人気（九着）となったコマサツキ（四歳牝馬特別）、八二年には皐月賞六着のイーストボーイ（京成杯三歳ステークスほか）を送りだし、一九八七年にはメリーナイスでダービーを制するのである。三頭とも騎手は厩舎のあたらしいエース、根本康広である。このとき橋本は七十一歳。騎手と調教師でダービーに勝ったのは大久保房松、二本柳俊夫につづく三人めの偉業であり、橋本のあとはだれも達成していない（二〇二四年現在）。

メリーナイスは映画『優駿（ＯＲＡＣＩＯＮ）』（一九八八年、監督・杉田成道）で、主役であるオラシオンのモデルとなり、根本はその主戦騎手役に起用され、競馬以外でも話題を集めている。社交的な根本と、あかるい栗毛に〝四白大流星〟という派手な容姿のメリーナイスのコンビにはファンも多く、この時期の橋本厩舎は華やかな話題につつまれていた。

しかし、メリーナイスのダービー以降、厩舎の成績も徐々に下降していく。そして、一九九三年二月、橋本輝雄は七十七歳で定年引退した。

# 久保田金造

## 調教師兄弟二人でダービー、オークス制覇

13

久保田彦之と久保田金造――。

関東の競馬ファンには「クボヒコ」、「クボキン」の愛称で親しまれたふたりは、昭和の競馬史を語るうえで欠かすことのできない兄弟調教師である。兄の「クボヒコ」は中央競馬で六百三十九勝をあげ、〝稀代の癖馬〟と言われたカブトシローをはじめ、ダービー馬サクラショウリ、皐月賞馬ビンゴガルーなどの名馬を育てた。一方、八歳下の弟「クボキン」は、中央競馬での勝ち星がちょうど一千勝（日本競馬会、国営競馬時代を含めると千百九十七勝）。ダービー二勝、天皇賞四勝など五十二の重賞を制し、晩年

になってもニッポーテイオーという偉大なマイラーを育てた名調教師である。

ふたりは日本で唯一の、兄弟でダービーを制した調教師として歴史に名を刻んでいるのだが、実は、異母兄の上村大治郎もダービートレーナーとして名を列ねており（一九四八年ミハルオー）、三兄弟でダービー四勝という、おそらく絶後と言ってもいい記録を残しているのである。さらに記せば、三兄弟は上村がミツマサ（一九四六年）、彦之がヒロヨシ（一九六六年）、そして金造がアイテイオー（一九六三年）でオークスを勝っている。

さて、本稿の主役は「クボキン」こと久保田金造である。一九一六年一月二十五日に北海道札幌郡琴似村（現札幌市）の農家に七人きょうだい（男六人、女ひとり）の六男としてうまれた久保田は、小さいときから農耕馬の世話をしていたこともあり、十五歳のときに競馬の世界にはいっている。長兄の上村大治郎が札幌競馬場で調教師兼騎手をしていて、先に入門していた四男の彦之につづいて騎手見習いとなったのだ。

上村のもとで騎手デビューした久保田はのちに鳴尾競馬場（兵庫県）の美馬勝一厩舎に移り、二十一歳になった一九三七年に京都競馬場で調教師兼騎手として独立する。体重が重かったために騎手として限界を感じていた久保田は、しだいに調教師としての仕事に重きを置くようになり、独立して七年めの一九四四年にはカイソウでダービーに優勝している。カイソウに乗っていた橋本輝雄の項でも書いたように、戦争が激化していたこの年の競馬は馬券を売らない「能力検定競走」となり、久保田の初重賞勝ちも観客のいない競馬場だった。カイソウは秋には菊花賞（長距離特殊競走の名称でおこなわれた）も楽勝しているのだが、全馬がコースを間違えるという前代未聞の珍事が発生してレースは不成立となっている。

終戦後の一九四六年夏、久保田は札幌競馬場でおこなわれた進駐アメリカ軍の競馬（北海道レースクラブ）に参加する。しかし、翌年から日本競馬会が札幌競馬の再開を決めたことで進駐軍競馬は四か月で幕を閉じ、北海道レースクラブを主催した人物は競馬法に抵触したという理由で公認競馬（政府が公認した競馬）への関与を禁止されている。

そうした事情もあってか、久保田が札幌競馬場の調教師として復帰するのは競馬が国営となった一九四八年の秋になり、その結果、大きな勝ち星を逃すことになるのである。というのも、この年のダービーに勝ったミハルオーは久保田が管理していたのだが、名義上は兄の上村大治郎の管理馬になっていたのである。そのために「調教師三兄弟でダービー優勝」という大記録がうまれたことになる。ミハルオーは翌春の天皇賞にも勝つが、このときは久保田厩舎の馬になっている。

初重賞勝ちがダービーで、二勝めが天皇賞という久保田だが（その間、カイソウの不成立の菊花賞とミハルオーのダービーもあった）、三つめの重賞もまた大レースで、一九五一年の菊花賞をトラックオーで勝っている。トラックオーは翌年の天皇賞（秋）にも勝つなど二十八勝（七十五戦）をあげ、国営競馬の最多勝馬として名前を残している。

一九五四年九月、国営競馬が中央競馬となると、久保田は中山競馬場に厩舎を構える。そして、中山に移ってすぐに出会ったのが「サラ系」（祖母のバウアーストックがオーストラリアから輸入されるときに血統書が紛失して「サラブレッド系種」と定義された）のキタノオーである。キタノオーは菊花賞と天皇賞（春）に勝ちながら、五歳の秋に急性肺炎にかかって急死してしまう。それから命日には必ず墓に花を供えていたという久保田は、血統表に「サラ系」と付いただけで敬遠する人も多かったなかで、キタノオー（母バウアーヌソル）の一族を大切に育てていった。

キタノオーが死んだ二年後には、弟のキタノオーザで一九六〇年の菊花賞に優勝した。妹のキタノヒカリ（五六年朝日杯三歳ステークス）のこどもたちも久保田厩舎にはいり、娘のアイテイオーは一九六三年のオークス馬になり、息子のキタノダイオーはデビューから七連勝を飾った。さらにアイテイオーの娘アイテイシローが一九七四年の京都牝馬特別に勝っている。

久保田厩舎から大きく枝葉が広がったバウアーヌソルの一族は、その後もヒカリデユール（一九八二年有馬記念、アイテイオーの孫。須貝彦三厩舎）やキョウワサンダー（一九八四年エリザベス女王杯、キタノヒカリの曽孫、吉岡八郎厩舎）らの名馬を生み、昭和を代表する名牝系のひとつになっていく。

この間、久保田は正真正銘の二度めのダービーを制している。一九五八年、地方の大井競馬場から中央入りしたダイゴホマレでの優勝だった。

ここまでバウアーヌソルの一族を中心に華やかな成績を残してきた久保田厩舎だったが、一九六七年の秋にキタノダイオーが故障でクラシックを断念してからは、なぜかビッグレースから遠ざかってしまうのである。

数字でいえば、平均して年三十勝ていどの勝ち星をあげていた。一九七〇年には生涯最多の四十七勝をマークし、七八年には三十九勝で関東の調教師成績で二位（全国四位）、七九年も三十二勝で関東二位（全国七位）にランクインしている。この間、四つの重賞を制したニッポーキングをはじめ、ブルスイショー（カブトヤマ記念など）、ジャンボキング（スプリンターズステークス）、タイホウヒーロー（札幌記念）、キョウエイレア（高松宮杯）などオールドファンにはなつかしい活躍馬を輩出していながら、どういうわけかビッグレースに勝てなくなっていた。おもしろいもので、「クボキン」が大レースを勝ちあぐねているとき、兄の「クボヒコ」はサクラショウリでダービー、ビンゴガルーで皐月賞に勝っている。

しかし、久保田が七十一歳になった一九八七年、ひさしぶりにビッグレースを制する名馬がでる。ニッポーテイオーである。偶然だろうが、久保田厩舎の活躍馬には「オー」とか「オーザ」、「ダイオー」、「キング」などと付く馬が多いのだが、晩年を飾ったのも「テイオー」だった。

久保田はニッポーテイオーの距離適性を考えてマイルから二千メートルのレースを選んで使っていった。その結果、天皇賞（秋）、マイルチャンピオンシップ、安田記念と三つのGIに勝つことになるのだが、わたしは以前、ニッポーテイオーに乗っていた郷原洋行からこんな話をきいたことがある。秋の天皇賞を五馬身差で楽勝したあと、二千四百メートルでも問題はないと考えていた郷原は、ジャパンカップに出走させてはどうか、と久保田に進言したという。しかし久保田は「テイオーはマイラーだ。予定どおりマイルチャンピオンに行く」と言って、まったく耳を貸さなかったというのだ。

大正うまれの久保田は三千二百メートルの天皇賞が最高峰とされた時代に活躍した調教師だったが、馬の距離適性については現在の調教師のように柔軟な考えをもっていた。「馬の個性に合わせて」というのが口癖で、関東と関西の交流がすくなかったときでも、相手関係や馬の適性を考えて全国いろんな競馬場で馬を走らせていた。そういう意味で、ニッポーテイオーは久保田の調教師人生の集大成だったのかもしれない。

定年引退後、久保田金造はオーストラリアに移住して調教師になる計画を立てていた。管理することになる仔馬も買い「生涯、馬と一緒ですよ」と人々に夢を語っていたという。

しかし、一九九一年八月二十二日、「クボキン」は心筋梗塞で急逝する。享年七十五。定年までまだ一年半の時間が残されていた。

# 松山吉三郎

## まじめで、頑固で、辛抱強く

14

松山吉三郎《きちさぶろう》といえばマスコミが接しにくい調教師として知られていた。わたしもまた苦い経験があるひとりである。

そのためかどうかわからないが、通算千三百五十八勝（日本競馬会、国営時代を含めると千四百四十勝）と、中央競馬では尾形藤吉、藤沢和雄に次ぐ歴代三位の勝ち星をあげている大調教師であるにもかかわらず、きちんと書かれたものが思いのほかすくない。それでも資料をとおして松山の生涯をたどってみると、騎手時代からずっと愚直なほど真摯に馬に向き合ってきた競馬人の姿が浮かびあがってくる。そうした生来のきまじめさや頑固さが、ときとして取材陣への厳しい対応になったのではないかと思う。

松山吉三郎は一九一七年二月二日に鹿児島県始良《あいら》郡隼人町（現霧島市）にうまれた。長男だったが、九州で馬主になっていたほど馬好きだった父の徳蔵が、当時北海道にいた名騎手の名前をとって吉三郎と名づけたのだという。ちなみに、六歳下の妹、樹子《みきこ》は松山バレエ団の創立者である。

松山が競馬の世界にはいるきっかけとなったのは徳蔵の出奔だった。松山がまだ幼かったときに家族を鹿児島に残したまま東京にでてしまった徳蔵は、連絡がついたときには目黒競馬場の尾形藤吉厩舎で厩務員になっていたのだ。そして松山が十歳になった一九二七年に一家は父を頼って上京する。ところが、当時の厩務員（馬丁《ばてい》）は社会的な地位も高いとはいえず、学校で「馬丁の子」といじめられた松山は、尋常小学校を卒業して夜間中学に進んだものの中退し、騎手見習いとして尾形に弟子入りすることになる。

入門後も辛抱の日がつづいた。

当時の尾形厩舎には二本柳勇、古賀嘉蔵、伊藤正四郎といった兄弟子が揃っており、後輩にも八木沢勝美、保田隆芳というのちの名ジョッキーが控えていて、松山にはなかなか騎乗のチャンスが巡ってこなかった。しかも肺炎を患って三年ほど療養を余儀なくされている。肺炎が癒えたころ徳蔵が独立して鳴尾競馬場で厩舎を開き、松山も父の厩舎に移籍したが、ひとりの所属騎手が八百長を働いて、徳蔵は調教師免許を剥奪されてしまう。このとき松山は尾形のはからいで群馬県の千明牧場のお抱え騎手となることができたのだが、こんどは戦争によって競馬は中止になる……。

それでも裏方として黙々と仕事をこなしていく松山を尾形は「まじめ一方の男であった」と評し、厩舎のまとめ役として重用した。いわば尾形厩舎の番頭役で、その経験が松山の礎となるのである。

松山が調教師に転じたのは国営競馬時代の一九五〇年で、三十三歳のときだった。一年後に独立して東京競馬場に厩舎を構えると、開業二年めにはスウヰイスーで桜花賞とオークスに優勝している。スウヰイスーは尾形が見つけてきた馬だが、クラシックを勝ったときには松山の厩舎に所属していたように、開業当初はまだ尾形の庇護のもとでの厩舎運営だった。それでも名門厩舎出身の新進調教師の腕はすぐに馬主や生産者に認められ、着実に実績を積み上げていく。

そして、独立して九年めの一九五九年に松山は生涯最高の六十九勝をあげて尾形（百二十一勝）に次ぐ全国二位になる。この年はトサオーで天皇賞（春）にも優勝した。さらに翌年は牝馬のスターロッチでオークスと有馬記念を制し、一九六二年には競馬人の最高の勲章である日本ダービーをフエアーウインで勝ち取っている。馬主はトサオーとおなじ溝本儀三男《ぎさお》（昭和部品社長）。溝本は長く松山厩舎を支えてくれた馬主である。

騎手としては芽がでなかった松山だが、調教師としては尾形の一番弟子となっていた。大厩舎の番頭役として培ってきたことが調教師となって萌芽していったのだ。

松山の成功の裏には、師匠の尾形がそうだったように、徹底して自分で馬を探しだすことがあった。騎手時代から世話になっていた千明牧場、場主の吉田善哉と「オイ、コラと呼び合う仲」だった社台ファーム、それとスターロッチのような抽籤馬《ちゅうせんば》（日本中央競馬会がせり市で買い上げ、育成したのち、くじ引きによって希望馬主に廉価で配布する馬）を除けば、ほとんど松山自身で見つけてきた馬だったという。松山は定年引退したあと、作家の吉川良《まこと》にこんな話をしている。

〈ぼくなんか馬を買う時は銀行に借金してだな、こりゃいいなと思ったら手付けを打ってさ。小切手を持って牧場を歩くんだ。馬主から馬買ってこいってお金をもらっていった人なんか一人もいない。ほとんどが自分の金で、生産牧場へ行ってね〉（『優駿』一

九九四年九月号）
そうした松山の地道な努力は数字となって現れ、厩舎は順調に勝ち数を伸ばしていた。すくない年でも三十勝前後、多い年は四十勝台を記録し、一九七一年には五十六勝で全国二位になった（一位はおなじ東京競馬場の藤本冨良で六十三勝）。さらに、美浦トレーニングセンターに移って二年めの一九七九年には三十七勝で関東のリーディングトレーナー（全国では五位）になっている。
その一方で、松山は騎手時代に苦労した経験からか、自分の厩舎の馬には弟子たちを乗せつづけた。それは松山厩舎の重賞の勝ち馬と騎手を見ればよくわかる。最初の弟子である吉永正人が四年めを迎えた一九六四年から吉永が引退する直前まで、松山厩舎の重賞優勝（三十二勝）はすべて所属騎手によるものだった。
一九六四年にはきさらぎ賞（吉永の初重賞）に勝ったフラミンゴが桜花賞で二着になった。目黒記念（秋）などに勝ったハマテツソは一九六七年五月にブラジルのサンパウロ大賞に招待（十一着）されている。このとき、騎手の中神輝一郎《こういちろう》が空港で姿を消し、そのままブラジルに残るという〝事件〟がおきた（中神は現地の関係者に請われてブラジルで騎手になり、一九九五年に帰国している）。松山も馬主の溝本儀三男らとともにブラジルに行っているのだが、『調教師の本Ⅳ』で大島輝久に中神のことを問われた松山は、苦笑いしながらこんなふうに話している。

〈日本の競馬が今のように盛況でなく、なにかといえば外国、外国だった。そんなことで誘惑に負けたのでしょう〉

一九七〇年にはタマアラシが三連勝で東京四歳ステークス（現共同通信杯）に勝ったが、故障でクラシックにでられなかった。七〇年代初頭に活躍した二頭の追い込み馬コウジョウとゼンマツは吉永の個性とともに語り継がれている名脇役だった。対照的に、爽快な逃げ馬もいた。ミスターシービーの母となるシービークインである。毎日王冠など三つの重賞に勝ち、オークスも逃げて三着に粘った。おなじ千明牧場のシービークロスは毎日王冠など三つの重賞に勝ったが、一番人気に推された一九八〇年春の天皇賞は阪神開催となって四着だった。改修前の阪神競馬場は直線が短く、追い込み馬には不利だった。吉田善哉の勝負服で走ったノーザンテーストの産駒、シャダイダンサーは一九八〇年の桜花賞で三着、八二年のＮＨＫ杯を快勝したアスワンは故障でダービーにでられなかった。

しかし、毎年のように素質馬、有力馬を輩出していた松山厩舎だが、フエアーウインのダービー以降、ビッグレースに勝てなくなっていた。肝心なところで負ければ、批判は吉永をはじめとする騎手に集まり、やがてその矛先は弟子を乗せつづける松山に向けられる。それでも松山は「馬の気持ちを簡単にわかってたまるか」（馬の気持ちがわかるのはいつも乗っている弟子たちだ）と言って批判を受け付けなかった。弟子を信じ、育てようとする松山の姿勢と、それを理解するオーナーの余裕と懐の深さが、この時期の松山厩舎を支えていたのである。

頑なに貫いてきた松山流の厩舎経営が花開いたのは一九八二年の春だった。ダービー、菊花賞、天皇賞（秋）で二着、そして有馬記念でも三着と期待されながら惜敗をつづけてきたモンテプリンスが天皇賞（春）と宝塚記念を連覇したのだ。さらに二年後にはモンテプリンスの弟モンテファストで天皇賞（春）に勝っている。ちなみに、前年は松山の次男、康久が千明牧場のミスターシービーで三冠を達成し、松山親子は史上はじめての父子二代のダービートレーナーとなった。

そして一九八六年には二度めのダービーを制している。馬は社台ファームのダイナガリバーである。ただ、競馬の神様はよほど皮肉が好きなのか、どんなに批判を浴びても弟子を乗せつづけてきた松山だが、二度めのダービーも弟子とともに勝利を分かち合うことはできなかった（クラシック戦線を前にダイナガリバーの騎手は吉永正人から増沢末夫に替わり、その後、吉永は引退した）。

ダイナガリバーのダービー以降、松山厩舎の成績は徐々に落ちていく。重賞も一九八八年の東京新聞杯（カイラスアモン）と牝馬東京タイムズ杯（ダイナアルテミス）が最後になった。そして、一九九四年二月、松山は七十七歳で定年引退する。

松山は中央競馬で歴代三位の勝ち星をあげ、二度のダービー優勝をはたした大調教師だが、不思議なことに叙勲は一度もない。その理由は調教師会などの役員をしなかったからだといわれている。ほんとうならば調教師会会長になってしかるべき人物だが、本人が就任を拒んだのだ。当然、関係者からはわがままだという批判がおきた。それについて松山はこんなふうに弁明している。

〈申しわけないとは思っている。仲間から良くは言われないこともわかっている。それでも、預かっている馬のことを思うと、他のことにかかわっている時間がとれない。〉（『調教師の本Ⅳ』）

不器用で堅物な、誤解されやすい生き方ではあるが、尾形藤吉に「まじめ一方」と言わせた男らしいことばである。

# 矢野幸夫

## 調教師というより、馬の整体師として

15

一九九四年二月に七十六歳で定年引退するまで、調教師としてあげた勝ち星は千六十五を数える（うち国営で百十九勝）。重賞は二十二勝で、国営時代に天皇賞（春）に勝っているが、中央競馬になってからのビッグタイトルはない。それでも関東のオールドファンはヒシマサルやモンタサンなどの人気馬をとおして矢野幸夫の名前を思いだすことだろう。そしてもうひとつ、矢野幸夫といえば整体術である。整体師の資格をとり、馬の治療のひとつとして矢野自身が整体を施したのだ。育てた馬も個性的だったが、調教師自身の軌跡もまた一風変わったものだった。

矢野幸夫は一九一七年十二月二十二日に北海道静内村（現新ひだか町）にうまれた。八人きょうだい（男四人、女四人）の末っ子だった。増本勇の項でも書いたが、矢野家もまた祖父の代に淡路稲田家の家臣団として静内に入植している。矢野が誕生したときには生家は牧場を営み、軍馬を百頭ほど飼養していた。幸夫少年も自然と馬が好きになり、祭りの競馬を見て騎手になりたいと思うようになる。しかし、新冠御料牧場で装蹄を学んで牧場をはじめた父は幸夫にも装蹄を覚えさせ、牧場を継がせたかったという。このとき、騎手への道を開いてくれたのは、静内で馬を生産していた柳本理平という人物と、当時、静内の日高競馬場（一九三九年に廃止）に厩舎をもっていた青山市之進だった。

一九三〇年の夏、十三歳になる前に矢野は中山競馬場の東原玉造に弟子入りする。東原家も稲田家の家臣で、静内開拓団に加わっていた関係もあった。矢野は東原の家から船橋法典の尋常小学校にかよっていたが、一年後にはおなじ静内出身の橋本輝雄も東原厩舎にやってくる。静内の尋常小学校を卒業してから弟子入りした橋本は矢野の二歳年上だが、矢野が兄弟子という関係になった。

橋本の項でもすこし触れたように東原は厳しい指導で知られた調教師だった。記者として取材した経験のある大島輝久によれば、東原は「とっつきにくい調教師の代表格」で、橋本や矢野は陰で「クソおやじ」と呼んでいたという（『競馬ブック』一九九七年六月二十一、二十二日号、「日本の調教師22」）。これを読んだだけでも、矢野や橋本の修業時代が想像できる。

そんな東原のもとで騎乗技術を学んだ矢野は、一九三三年に十五歳で騎手免許を取得する。この年の夏、矢野は習志野騎兵第十六連隊で障害馬術の講習を受けているのだが、そのときの教官は一年前にロサンゼルスオリンピックの馬術大障害飛越で金メダルをとった西竹一陸軍大尉（オリンピック当時は中尉）だった。

馬術界の偉人から直接指導を受けた矢野だが、騎手時代は怪我が多く、十一度も骨折したという。いちばん大きな怪我は騎手になって四年め、二十歳のときだった。中山の障害レースで落馬し、鎖骨や右腕の複雑骨折だった。医師は腕を切断すると言ったが、師匠の東原が将来のある騎手だから切らないでくれと懇願し、長い闘病の末、騎手として復帰できたのだった。

太平洋戦争が勃発して二年後の一九四三年、矢野は択捉《えとろふ》島の守備隊として招集された。

復員したのは競馬が再開した翌年の一九四七年で、東原玉造の元に戻っている。厳しい「クソおやじ」であっても、右腕を守ってくれた恩師の元で矢野はずっと騎手をつづけた。

騎手時代の矢野は体重が重く、減量にも苦労したということだが、独特の鞭の使い方で話題になった。右手にもった鞭を馬体と平行にまわして前後に当てるもので、スタンドからは水車のように見えたことから、「水車《みずぐるま》の矢野」とか「水車式ステッキ」などと呼ばれてファンを楽しませていたという。

競馬好きで知られた詩人、井上康文《やすぶみ》がまとめた『新版　調教師・騎手名鑑』によれば、矢野は騎手として千五十九戦百六十六勝（うち障害で二百四十三戦三十三勝）という成績を残している。大レースは勝ってないが、一九五〇年と五一年にはダービーで三着になっている。五〇年は東原厩舎のアンダーフエアで、優勝したのは橋本輝雄が乗るクモノハナ（鈴木勝太郎厩舎）だった。兄弟弟子で一、三着になったダービーは矢野の騎手人生でもとくに思いで深いものになった。そして翌年も東原厩舎のミツハタで三着になる。トキノミノルが無敗で二冠馬となったときで、皐月賞、ダービーとも二着イツセイ、三着ミツハタで決着している。いまではトキノミノルの陰に隠れてしまったが、当時を知る人たちはよく、イツセイ、ミツハタを加えた三頭を「三強」と呼んでいた。

一九五二年三月、矢野は三十四歳の若さで調教師に転じる。師匠の東原玉造が脳梗塞で倒れたことも理由のひとつだった。師匠の厩舎を引き継ぐかたちで中山競馬場に厩舎をひらいた矢野は、一年めにいきなりビッグタイトルを手にしている。ミツハタで天皇賞（春）を制したのだ（騎手は渡辺正人《まさんど》）。この年はミツハタで三つの重賞を制した矢野厩舎は、翌年はイチジヨウという牝馬でクモハタ記念に勝っている。イチジヨウは十一戦無敗の名牝クリフジ（繁殖名・年藤）の娘で、桜花賞三着、当時は格の高い重賞だった目黒記念（春）でも二着になるなどの活躍をした。

調教師になって四年めの一九五五年には矢野厩舎は五十二勝をあげて全国六位になると、五六年と五七年も五〇勝（全国八位、六位）をマークしている。そして五七年には初期の矢野厩舎の顔となる名馬が登場する。ヒシマサルである。ヒシマサルの馬主は阿部雅信で、わたしたちがよく知る二代めのヒシマサル（きさらぎ賞など重賞三勝）は息子の阿部雅一郎の所有馬、孫の阿部雅英も三代めとなるヒシマサル（十戦三勝）を所有していた。

初代ヒシマサルはダービーと菊花賞で五着、天皇賞（春）も三着と大レースには勝てなかったが、十三勝し、毎日王冠（当時は二千五百メートル）や安田記念など四つの重賞に勝っている。レコードタイムを三度記録し、一九五八年の「年度代表馬」（ＪＲＡ賞の前身、当時は啓衆社主催）で最良のスプリンターに選出されたスピード馬だったが、三千二百メートルの天皇賞を頂点とする長距離主流の時代では脇役にしかなれなかった。

その後も、矢野厩舎はトウコン（目黒記念・秋など重賞四勝）が活躍し、勝ち星も四十勝台、調教師ランキングでも全国十位前後をキープしていた。トップトレーナーとして着実に実績をあげていた矢野厩舎だったが、一九六〇年代になると、成績は下降線をたどっていった。そんなときにクラシックを狙える逸材が現れる。一九六六年の朝日杯三歳ステークス（当時）に勝って「年度代表馬」の最優秀三歳牡馬（現二歳）に選ばれたモンタサンである。しかし、クラシックは厩務員ストの影響で体調を崩した皐月賞は八着、ダービーも十着に終わった。

モンタサンは激しい気性が災いして大レースには勝てなかったが、十二勝（重賞三勝）し、多くのファンに愛された馬だった。著名人にもファンが多く、寺山修司は競馬エッセイで何度もとりあげ、辛口の競馬評論で知られた大橋巨泉でさえファンだったと公言し、みのもんた（本名・御法川法男《みのりかわのりお》）にいたってはモンタサンから芸名を付けている。競馬史のなかでは欠かせない個性派ランナーである。

話は前後するが、モンタサンが朝日杯に勝った年、イチジヨウの娘でオーイチジヨウという牝馬がいた。オーイチジヨウは未勝利で、矢野は繁殖牝馬にしようと考えていたのだが、このとき、モンタサンの馬主・古知政市から紹介された沼田孫次郎という整体師にオーイチジヨウを診てもらうと、腰が悪いが治療すれば治るということだった。それならばと、沼田に一か月ほど施術してもらうと、オーイチジヨウは特別戦を含み五勝するのである。

この経験が矢野を整体術に向かわせることになる。調教師の仕事の合間に整体の学校にかよって勉強し、整体師の資格をとってしまうのだが、調教師がそういうことになれば、下降気味にあった厩舎の成績はさらに落ち込んでいく。一九七〇年代はまだ二十勝台をキープしていた勝ち星も、八〇年代になると十勝台に落ち込み、調教師順位も三桁まで下がっていく。モンタサン以来ひさしぶりに勝った重賞は一九八〇年のマークリシルバーの札幌記念で、そのあとは障害重賞に二勝しただけだった。

それでも矢野は、金槌や当て木、鍼灸道具などがはいった鞄を持ち歩き、精力的に馬の施術をおこなっていた。頼まれればよその厩舎の馬にも整体を施した。治療した他厩舎の馬に矢野厩舎の馬が負けてしまったこともあったというから、馬の調教師というよりも、馬専門の整体師である。

最終的に、矢野が整体によって治療した馬は二千頭に及んだというが、そのなかにはタイテエムやエリモジョージなどを輩出した名種牡馬セントクレスピンもいた。一九七五年五月、セントクレスピンが交配不能に陥ったと聞いた矢野は北海道に飛び、整体術で蘇生させたのだ。種牡馬として復帰できたセントクレスピンの産駒のなかにレディーシラオキ（一九七八年生）という牝馬がいる。言うまでもない。スペシャルウィークの祖母である。

# 佐藤勇

## 史上唯一の「騎手五百勝、調教師一千勝」

16

中央競馬（日本競馬会、国営競馬を含む）ではじめて一千勝に到達した騎手は保田隆芳だった。以後、増沢末夫が千五百勝と二千勝、岡部幸雄が二千五百勝、そして三千勝から四千五百勝は武豊が最初に達成したことはよく知られている。

では、日本ではじめて五百勝を達成した騎手はだれか——。

そう問われて、「佐藤勇」と答えられる人はどのくらいいるだろうか。わたしはこの稿を書いていてはじめて知った。

「日本で最初に五百勝を達成した騎手」である佐藤勇は、調教師としても大きな数字を残している。通算成績は一万百二十一戦千七十四勝。出走回数が中央競馬史上四位の記録ならば、勝ち星は歴代十一位である。

佐藤は華やかなスターホースを輩出したわけでもなく、どちらかというと地味なタイプの調教師だった。晩年の成績が低調だったこともあって印象も薄いが、残された記録が佐藤の偉大さをわかりやすく語ってくれている。なぜなら、「騎手五百勝、調教師一千勝」を達成した人は中央競馬史上たったひとりしかいないのだ。

佐藤勇は一九一八年三月十三日に北海道士別町（現士別市）にうまれた。士別は旭川から五十キロほど北に行った町で、生家は農業を営んでいたが競馬や馬産には縁がなかった。

小学校を卒業したころ、佐藤家は旭川にでている。それが人生を変えた。旭川の競馬場にいた親戚が、体が小さかった佐藤を騎手になってはどうかと誘ったのだ。

一九三二年、佐藤は親戚の勧めにしたがって札幌競馬倶楽部（札幌競馬場）の青山市之進厩舎に入門する。そして見習い期間一年で騎手デビューするのだが、ここで予期しないことがおきる。師匠の青山がレース中の落馬事故で死亡してしまったのだ。師を失った佐藤は、青山の後援者でもあった静内町の伊藤繁太郎の牧場で働くことになる。競馬場に戻ったのは十七歳の春だった。伊藤の牧場を訪れた増本勇の紹介で、京都競馬場の美馬信次厩舎にはいることになったのだ。ところがこんどは美馬と衝突し、若さゆえか、佐藤は厩舎を飛びだしてしまう。

このとき力になってくれたのが武田文吾だった。武田のアドバイスによって佐藤はフリーの騎手となり、乗り馬を求めて全国の競馬場をまわり歩いた。宮崎にはじまり小倉、阪神、京都、さらに新潟、福島、函館、札幌と北上し、冬になるとまた宮崎に戻ってくるという旅芸人のような生活がつづいた。のちに佐藤は「その間、三、四回リーディングになった」と語っているが、全国の統計がない時代だから、どこかの競馬場か開催で何回かトップの成績をおさめたのだろう。

フリーでの活躍が認められた佐藤は一九四二年に関西随一の大厩舎、伊藤勝吉厩舎に迎えられている。大レースにも騎乗するようになるとすぐに菊花賞（一九四二年、ハヤタケ）と桜花賞（四三年、ミスセフト）を勝ち取った。

しかしそれも束の間だった。召集されて戦地に赴いた佐藤は終戦後もソビエトに抑留され、復員したのは一九四九年になってからだった。

騎手として復帰した佐藤は京都競馬場の武田文吾厩舎の所属となり、一九五五年まで馬に乗っていた。復帰後は天皇賞（一九五三年春、レダ）など八つの重賞に勝ち、一九五四年六月二十日の阪神競馬で、ヒサニシキという馬で日本ではじめての五百勝を達成している。騎手としては、戦前と合わせて二千五百六十戦五百七十八勝（勝率二割二分六厘！）というすばらしい成績を残している。

一九五六年、三十八歳になった佐藤は阪神競馬場に厩舎を開業する。だが、当時は競走馬そのものがすくなく、新人調教師が預かる馬の数などたかが知れていた。それでも騎手としての実績に加えて伊藤勝吉厩舎、武田文吾厩舎という大きな厩舎に在籍していた佐藤は比較的恵まれたスタートだったという。一年めには八頭の馬で二十勝をあげ（関西十七位、全国四十三位）、重賞（京都四歳特別、ツキシマ）にも勝っている。

その後もしばらくは十頭に満たない馬をやりくりしなければならなかったが、二年めには三十勝で関西の九位（全国二十位）にはいるなど、毎年二十勝台から三十勝台の勝ち星をコンスタントにあげていた。そして厩舎を開業して六年めの一九六一年秋、佐藤の名前を一躍有名にする名馬がデビューする。ヒカルポーラである。

ヒカルポーラを手に入れたのは偶然だった。北海道の牧場を歩いているときに、たまたま道ばたの放牧地で目についた仔馬がヒカルポーラだった。血統を訊けばヒンドスタンの産駒だという。昭和三十年代になって輸入されたあたらしい種牡馬に注目していた佐藤は、なかでもアイルランドダービーに勝ったヒンドスタンの仔をほしいと思っていた。価格は百五十万円。ヒンドスタンの産駒がデビューする前のことで、思いのほか安かった。

ヒカルポーラは五年間走って四十戦十六勝、天皇賞（春）、宝塚記念など四つの重賞に勝った。このときヒカルポーラの主戦騎手となったのが一番弟子の高橋成忠《しげただ》だった。ヒカルポーラで大きな自信をつけた高橋は一九六五年から五年連続で関西のリーディングジョッキーに君臨し、佐藤厩舎躍進の一翼を担うことになる。

ヒカルポーラが活躍すると佐藤に馬を預ける馬主も増え、それに比例して成績もあがっていった。一九六六年には四十九勝をあげて関西二位（全国五位）に上昇すると、六九年には生涯最多となる五十七勝をマークする（関西二位、全国四位）。そして、一九七五年には全国のリーディングトレーナー（四十四勝）の座に就いている。

そのころの佐藤厩舎といえば、シンザン産駒の芦毛、シルバーランドをなつかしく思いだすオールドファンは多いだろう。日本ではじめて二千メートルで二分の壁を破った

（一九七三年愛知杯、一分五十九秒九）馬として有名なシルバーランドは、通算十四勝をあげ、五つの重賞に勝った人気馬だった。

ヒカルポーラやシルバーランドなどの活躍馬をだし、調教師成績でも日本一になりながらクラシックにはまったく縁がなかった佐藤だが、六十二歳になった一九八〇年、ついに大願成就する。オペックホースのダービー優勝である。断然の一番人気だったモンテプリンスを首差競り負かすという、執念が呼び込んだような勝利であった。

だが、栄光の日は長くつづかない。ここから佐藤の苦悩がはじまるのである。オペックホースがダービーのあとまったく勝てなくなったのだ。一九八一年の有馬記念では四着に追い込んできてファンを沸かせたり、重賞でも好走することがあったが、「なんとかもうひと花」という馬を思う気持ちが仇となり、ダービー以後三十二連敗という不名誉な記録をつくってしまうのである。

それは佐藤の晩年を暗示していたかのようでもあった。一九八〇年のダービー以降、佐藤厩舎はまったく精彩を欠いた。一九九五年に定年引退するまでの間、最高の成績は九一年の二十三勝（関西二十三位、全国二十九位）で、この年マチノコマチで勝った阪神牝馬特別がダービー以後の唯一の重賞勝ちでもあった。

それでも、そうしたなかで佐藤はふたつの大きな記録をうちたてている。一千勝（一九九〇年）と一万回出走（一九九四年）である。なかでも一万回出走は地道な努力を積み重ねることでうまれた記録であり、それは佐藤の誇りでもあった。引退後、佐藤は一万回出走についてこう語っている。

〈信念が実ったんだと思いました。走る馬というのは放っておいても走る。弱い馬をいかに走らせるかっていうのが仕事だと思っています。その信念が実ったんだろうと思っています。〉（『調教師の本V』、文・辻谷秋人）

ちなみに、中央競馬において、「一千勝」、「リーディングトレーナー」、「ダービー優勝」という三つの〝勲章〟を手にした調教師は佐藤のほかに尾形藤吉、藤本冨良、武田文吾、二本柳俊夫、伊藤雄二、藤沢和雄がいるが、このなかで「一万回出走」を達成したのは佐藤だけである。

# 境 勝太郎

## 調教師人生は「サクラ」色

17

境勝太郎ときいて、ほとんどの競馬ファンが思い浮かべるのは「サクラ」（馬主・全《ジョン》演植《ヨンシュク》＝さくらコマース）の馬だろう。三十一年の調教師人生で境が勝ち取った重賞は五十三にのぼるが、そのうち四十が「サクラ」の馬によるものだった。境の調教師人生を語れば、そのまま「サクラ」の馬の変遷となるほどである。

また、生来があかるい性格の境はマスメディアにはありがたい調教師だった。調教師というよりも、醸しだす雰囲気はどこか「番頭さん」という感じで、厩舎でも自宅でも、取材者は分け隔てなく受けいれ、開けっぴろげになんでも話をしてくれた。「境ラッパ」

という言われかたもされたように、強気な発言がそのまま新聞の見出しになることもしばしばだった。その旺盛なサービス精神は調教師を引退してからも発揮され、スポーツ新聞の評論やファン向けのイベントで人気を博した。

境勝太郎は一九二〇年三月六日に北海道岩内郡小沢村（現共和町）にうまれた。七人きょうだい（男四人、女三人）の上から四番め（三男）だった。父はまじめな鉄道員で、兄たちも鉄道関係の仕事に進んだが、「きょうだいで例外的に頭が悪かった」と言う境は、「馬に乗りたい」という一心で競馬の社会にはいることになる。

「馬に乗りたい」と思うようになったのは、近くの牧場で馬に乗って牛を追う牧夫の姿を見てからだった。さらに小学生になると隣町の倶知安《くっちゃん》で競馬がはじまり（倶知安では境が十歳になった一九三〇年から三八年まで競馬が開催されている）、そこで本格的な競馬を目の当たりにした境は、馬を驚くほど速く走らせる騎手にあこがれるようになった。

十五歳になった一九三五年、境は札幌競馬場の清水茂次調教師の門をたたいた。道を開いてくれたのは父の弟だった。札幌で医者をしていた叔父は札幌競馬倶楽部の馬主だったのだ。堅実に生きていた父は猛反対したが、「馬に乗りたい」という意志は強く、境は家を飛びだすようにして札幌に向かった。

清水に弟子入りした二年後、境はおなじ札幌の川崎敬次郎厩舎から騎手デビューする。以来、四十六歳になる一九六六年まで騎手をつづけることになるが、戦争中は二度招集され、戦後は札幌から京都、阪神、中山といくつもの厩舎を転々としている。所属した厩舎は清水厩舎から数えて十になる。頻繁に所属厩舎がかわった理由を問われるたびに、境は「条件（給料）のいいところに移っただけ」と答えている。裏を返せば、それだけ腕が達者だったということだろう。

騎手としては通算五百三十六勝（中央競馬二百八十勝）をあげ、皐月賞（一九四四年クリヤマト）、桜花賞（一九五〇年トサミツル）、天皇賞・秋（一九五三年クインナルビー）に勝っている。りっぱな成績だ。

一九六六年三月一日、境は調教師に転じた。

厩舎を与えられたのは中山競馬場の白井分場（現在はＪＲＡ競馬学校）である。馬房は二十あったが、当時は騎手の退職金もすくなく、スポンサーもいない境は七頭しか馬を集められなかった。スタッフの給料を払う余裕もなく、雇えたのは厩務員と騎手ひとりずつで、境も毎日馬に乗って調教していた。

白井分場の調教コースは一周千四百メートルと小さく、中山や東京とは雲泥の差があった。当時のレースは長距離が主体で、調教でも長い距離を速く走らせるのが主流だったが、白井ではそれがむずかしく、境は千メートルを強く追う調教でレースに臨むようになる。そしてそれは美浦トレーニングセンターに移ってからもつづけられた。境流の調教法は白井で培われたのである。

白井でひっそりとオープンした境厩舎は一年め四勝、二年めも六勝に終わったが、境流調教法の効果がすこしずつあらわれ、三年めには十七勝まで数を伸ばすと、それ以降も着実に勝ち星をあげていった。そして、開業八年めの一九七三年にはキョウエイグリーンで初重賞（スプリンターズステークス）を制している。キョウエイグリーンは翌年も安田記念に勝つなど、関東のオールドファンにはなつかしい快速牝馬である。

境厩舎が大きく変わるのは一九七八年に美浦トレセンが開場してからである。

一九七九年にはスリージャイアンツで天皇賞（秋）を制した。境にとってはじめてのビッグタイトルである。どろどろの不良馬場のなかメジロファントムとの競り合いを鼻差で勝利したスリージャイアンツは、一九七五年の天皇賞（秋）と翌年の宝塚記念を制したフジノパーシアの弟として牧場時代から評判になっていた馬で、キョウエイグリーンの松岡正雄ら三人の馬主の共有馬だった。

おなじ年、「サクラの境厩舎」の嚆矢《こうし》となる馬が登場する。三連勝で函館三歳ステークスを制したサクラシンゲキである。通算九勝をあげ、ダービー（四着）やジャパンカップ（九着）でも果敢に逃げた、一九八〇年代を代表するスピードスターだった。

境が「サクラ」のオーナー、全演植と知り合ったのはそのすこし前だった。まだ白井に厩舎があったときで、境の厩舎に馬を預けていた馬主の馬を全が譲り受けたことが最初だった。それから全は中山競馬場に来たときにはかならず境の自宅に寄り、食事を楽しんで帰るという関係になっていた。また、境の娘が騎手の小島太と結婚したことも境と全の関係を近くしていた。全は小島が所属していた高木良三、嘉夫親子の厩舎に馬を預けており、小島をことのほかかわいがっていたのだ。

こうして「全・境・小島」のトライアングルが形成され、以後、二十年近く華々しい活躍がつづくのだが、境はどんな取材にたいしても全を立てることを忘れなかった。

「会長（全演植）なくして、いまのぼくはない。会長がいなければ、ぼくはどうなっていたかわからない。会長はぼくが『この馬がほしい』と言えばみんな買ってくれたんだ」

そうは言っても、境は手当たりしだいにいい馬を所望していたわけではない。たとえばスリージャイアンツを生産した北西牧場との関係がずっとつづいたように（牝馬東京タイムズ杯などに勝ったウエスタンファイブも北西牧場の馬）、「サクラ」の馬でも牧場との関係をなによりもたいせつにしていた。

たとえば境が「腰が抜けたほどうれしかった」と言うダービー優勝（一九八八年）をはたしてくれたサクラチヨノオーとその兄弟（兄サクラトウコウ、弟サクラホクトオー）を筆頭に、サクラチトセオー（九五年天皇賞・秋）、サクラキャンドル（九五年エリザベス女王杯）の兄妹、さらにサクラローレルなどはすべて谷岡牧場の生産馬である。

サクラシンゲキの藤原牧場からは、サクラユタカオー（一九八六年天皇賞・秋）をはじめシンゲキの弟妹が境厩舎にはいっている。妹のサクラスマイル（八一年エリザベス女王杯三着）がうんだサクラスターオー（八七年皐月賞、菊花賞）も境の厩舎にはいる予定だったが、調教師となった弟子の平井雄二の開業祝いにプレゼントしている。

サクラバクシンオー（スプリンターズステークス二勝）やサクラサニーオー（重賞二勝）は社台ファームの生産馬だ。当初、境は大牧場への反発心もあって、社台ファームとの付き合いはなかった。しかし、「これからは社台が嫌いだなんて言っている時代じゃない」という全の強い勧めがあって、社台ファームの生産馬も預かるようになったのだ。サクラチトセオー、キャンドルの母サクラクレアー（二勝）も社台ファームから買った馬である。

いつ、どんな取材だったか忘れたが、ひとりの厩務員を見ながら境が言った、そのことばが忘れられない。

「あの厩務員はな、ノーザンテーストの産駒しか持たないんだよ」

社台ファームに反発していたという人が、そんな冗談を言うようになっていたのだ。変節というより、なんでも受け入れる柔軟性が、境勝太郎という調教師の原動力だったのだろう。

ところで、境が三十一年間であげた勝ち星は六百五十六で、年平均にして二十一勝ほどである。三十勝を超えた年は一度もなく、全国のトップテンにはいったことも一回（一九八六年七位。二十九勝）しかない。数字だけをみれば「中の上」といったところだが、一九八〇年代から九〇年代半ばにかけて、境と「サクラ」の馬はＧⅠ戦線に欠かすことのできない存在であった。境厩舎はいつもあかるい話題につつまれ、それは境が引退するまで変わらなかった。

一九九六年。翌年二月の定年引退をひかえたラストシーズン、境厩舎は二十一勝のうち九勝が重賞という、なんとも派手な一年を送っている。しかも境厩舎の最後の重賞優勝は、境自身が「いちばん勝ちたかったレース」と言う、サクラローレルで勝ちとった、有馬記念だった。

# 二本柳 俊夫

## 大馬主にも媚びなかった関東の重鎮

18

四十年の調教師生活であげた勝ち星は千四十三。日本調教師会の関東本部長などを歴任した二本柳俊夫は、言わずと知れた関東調教師界の重鎮であった。一九八〇年代のはじめ、二年連続で年度代表馬になったホウヨウボーイやノーザンテーストの代表産駒アンバーシャダイらを擁した二本柳厩舎は、三年連続（八〇年から八二年）で関東の最多勝に輝いている（八二年は全国でも一位）。

当時の二本柳厩舎には社台ファームの吉田善哉をはじめ有力馬主の馬が集まっていた。しかし、二本柳は大馬主だからといって媚びるようなこともなく、自分の考えを貫きとおす調教師だった。有名な「シリウスシンボリの転厩事件」はそうした二本柳の一徹な性格が招いた騒動でもあった。

厳格で頑固というイメージが強く、若い取材者にはどことなく近寄りがたい調教師だった二本柳は、一九二〇年九月八日に神奈川県横浜市にうまれた。父の省三は横浜の日本レースクラブ（根岸競馬場）の調教師で、長兄の勇、次兄の俊平も騎手になった、いわゆる競馬一家の出身である。

ふたりの兄がそうだったように、騎手になることがあたりまえだと思っていたという二本柳は、尋常小学校を卒業するとすぐに父の厩舎で騎手見習いとなる。翌年、独立した兄の勇の厩舎に移り、一九三五年に騎手デビューする。

恵まれた環境のもとで騎手となった二本柳だったが、時代が悪かった。二十歳のときに召集されて北支那戦線に赴くと、体をこわして除隊となっている。その後、騎手として復帰したものの、競馬はすぐに中止になった。

戦後は中山競馬場の兄の厩舎に戻ったが、復帰からほどなくして勇が病死する。それ以来、二本柳は厩舎に所属せず、現在でいうフリーの騎手として馬に乗っていた。

騎手時代の通算成績（戦前も含む）は二千百八十戦四百五十一勝（井上康文『日本調

教師・騎手名鑑　1961年版）。減量の苦労もあって障害で乗ることも多かったようだが、勝率二割七厘はりっぱである。一九五五年にはオートキツでダービーに勝っているように、騎手としてたしかな腕をもっていたことは間違いない。

ダービー優勝から二年後、三十七歳を前に調教師転身を決意した二本柳は、一九五七年九月に中山競馬場に厩舎を開いている。

調教師としても恵まれたスタートだった。樫山純三（オンワード樫山の創業者）をはじめとする有力馬主が支援者となり、開業する前から馬を揃えてくれていたのだ。競馬一家出身の調教師ならではの恩恵だろう。

そして、開業した翌年には早くもビッグレースを勝ち取っている。樫山の所有馬オンワードゼアで天皇賞（春）と有馬記念を制したのだ。オンワードゼアは開業する前は大久保房松厩舎に預かってもらっていた馬で、ダービー（十一着）は二本柳自身が乗っていた。

ところで、樫山は一九七二年のフランスダービー馬ハードツービートをダービーの四日前に買って話題となった人物だが、早くから外国の競馬を意識しており、オンワードゼアもアメリカに遠征させている（船で輸送中に脚を痛め、一九六〇年に三戦したが勝てなかった)。

樫山をはじめとする大馬主の支援を受けた二本柳厩舎の活躍はめざましかった。毎年コンスタントに三十勝台の勝ち星をあげ、すぐに関東の調教師成績の上位に名前を連ねるようになった。一九六一年と六二年にはアズマテンランとヒロキミで菊花賞を連覇している。当時の関東には尾形藤吉、藤本冨良といった大厩舎が君臨していたが、馬主にも恵まれ、それに見合った実績を築いていく二本柳は次代を担う若手調教師として嘱望されるようになっていた。

ところが調教師として脂がのってくるはずの五十代になると、二本柳厩舎の成績は急下降していくのである。勝ち星は三十勝に届かなくなり、十勝台にとどまった年もあった。一九七五年には関東の調教師成績で三十六位と、開業二年め以後で最低の順位まで落ち込んでいる。それどころか、七三年から七年間も重賞未勝利という、八〇年代の二本柳厩舎を知る人からは信じられないような成績がつづくのである。

成績不振の原因はいったいどこにあったのか。二本柳は自分自身の慢心だったと引退したあとのインタビュー(『調教師の本Ⅵ』、文・葛西敬子)で語っている。

〈金はいくらでも出すから、いい馬を買ってきてくれという馬主ばかりで、走る馬がどんどん入ってきた。順調でしたね。というより、順調すぎた。有頂天になっていた。それが、その後のスランプにつながったのでしょう〉

〈家を建てたり、趣味にうつつを抜かしたり、今思えば分不相応な生活をしていた。罰が当たったんですよ。そんな中で、よくホウヨウボーイが出てきてくれた〉

低迷していた二本柳厩舎を浮上させた馬が、有馬記念（一九八〇年）と天皇賞・秋（八一年）に勝って二年連続で年度代表馬となったホウヨウボーイである。新馬戦を勝ったあとに二度の骨折に見舞われたホウヨウボーイは一年八か月におよぶ長い休養を余儀なくされたが、馬の才能を信じる二本柳は辛抱強く快復を待ち、みごとに大成させたのだった。

二本柳厩舎復活の烽火《のろし》をあげたのがホウヨウボーイならば、それにつづいたのがアンバーシャダイ（八一年有馬記念、八三年天皇賞・春）である。この馬は仔馬のときに牧場で脚に怪我を負って売れ残り、生産者の吉田善哉の所有馬として走ることになったのだが、一度はいった関西の厩舎もだされ、吉田と親交があった二本柳のもとに辿り着いたのだった。

一頓挫ありながら時代の名馬に成長した二頭の活躍などによって完全復活を遂げた二

本柳厩舎だが、一九八五年の春に競馬界を揺るがす大騒動をひきおこす。シリウスシンボリの転厩問題である。

シリウスシンボリは前年の三冠馬シンボリルドルフ以上とも評されたシンボリ牧場期待の逸材だった。しかし、荒削りな走りで失格（一位入線）になったり、ちぐはぐなレースで惜敗したりすると、シンボリルドルフを三冠馬に導いた岡部幸雄を起用したいというオーナーの和田共弘と、弟子の加藤和宏を乗せつづけると主張して譲らない二本柳が対立し、一度は畠山重則厩舎に転厩する事態となる。

当時のことを二本柳はこう語っている。

〈加藤を乗せたいとか岡部は乗せたくないとか、そういうことではなかった。馬主の言う事をなんでもはいそうですかでは、私が預かっている意味がないということを言ったのです。私のやり方がだめだというのなら、どこでも好きな所に持って行けと……〉
（『調教師の本Ⅵ』）

結局、調教師会など関係団体が仲裁にはいり、二本柳厩舎に戻ることで事態は収束する。そして加藤が乗ってダービーに優勝するのだが、ダービーのあとシリウスシンボリはヨーロッパに遠征にでてしまい、二本柳厩舎に戻ってきたのは二年後のことだった。

強い信念をもった偉大なふたりのホースマンの、いまではなつかしい〝喧嘩〟である。

ところで、シリウスシンボリでダービーに勝った二本柳は、すべての競馬人のあこがれであるダービーを、騎手と調教師の両方の立場で手にすることになった。これは大久保房松以来の快挙であり、そのあとも橋本輝雄しか成し得ていない。

さて、シリウスシンボリ以降の二本柳厩舎である。一九八五年の暮れには樫山純三のオンワードボルガで中山大障害（秋）に勝った（樫山は翌年六月に亡くなり、これが最後の重賞優勝となった）。その後も、ウインドストース（函館記念など重賞四勝）や八九年のＪＲＡ賞最優秀ダートホースに選ばれたダイナレターらを送りだし、一九九〇年には重賞未勝利ながら五度めの関東リーディングの一位（三十三勝、全国二位）になっている。

しかしＧＩレースには縁遠くなり、成績もしだいに下降し、二本柳俊夫は一九九七年二月に七十六歳で定年を迎えた。

# 夏村辰男

## 競輪選手、キャバレー経営から調教師に

19

調教師としての成績は一万七百八十五戦千百六十六勝。勝利数は中央競馬で歴代七位になる。さらにリーディングトレーナーの座に就くこと三度、これは歴代六位で、二度の武田文吾、伊藤勝吉を上まわっている。この記録だけで夏村辰男を語れば、りっぱな大調教師である。

ところが、これだけの数字を残した調教師ならば、歴史的な名馬を育てたり、いくつものビッグタイトルを手にしていそうなものだが、夏村は勝ち取った二十四の重賞のうち八つがアラブで、サラブレッドの重賞も現在でいうGⅡ、GⅢクラスである。GⅠに

つながるタイトルはエリザベス女王杯の前身であるビクトリアカップだけなのだ。
なんとも不思議な成績を残した調教師だが、夏村本人の経歴はそれ以上の驚きに満ちていた。

夏村辰男は一九二一年七月二十一日に福岡県小倉市（現北九州市小倉北区）でうまれた。父は小倉競馬場で厩務員をしていて、物心がついたときには馬の背で遊んでいた少年が騎手を志したのは自然の流れだった。

一九三四年、小学校を卒業した夏村は小倉競馬場の坂本勇次郎に弟子入りし、騎手見習いになる。一九三七年三月十九日、十五歳のときに宮崎競馬場で騎手デビューすると、二か月後の小倉競馬のアラブ新馬戦でホバシラヤマという馬で初勝利をあげている。デビュー五戦めだった。当時は新人騎手が初勝利をあげるのに一年以上かかることも珍しくなかった時代で、それを思えば、恵まれたデビューであり、腕も見込まれていたのだろう。

ところが初勝利をあげたホバシラヤマで一週間後の優勝戦（新馬戦に勝った馬で争われるレース）に騎乗することになっていたのだが、馬主が新人騎手に不安を覚え、直前で乗り替わりとなる。ここまではよくある話なのだが、騎手としての度胸はだれにも負けないと自負していた夏村にとって、乗り替わりはひどく屈辱的なできごとだった。このことが尾を引き、デビューから一年後の一九三八年三月二十一日に宮崎での騎乗を最後に夏村辰男の名前は公認競馬から消えることになる。まだ十六歳の少年だった夏村は、厩舎に置き手紙を残し、満州に渡ったのだ。満州には古賀虎雄という兄弟子がいて、夏村もいくつかの競馬場を転々としながら馬に乗るようになった。いい乗り役になって、自分を降ろした馬主を見返したいという思いがあったという。

二十歳のときに本土に戻って徴兵検査を受けた夏村は、五年間兵役に服し、鹿児島で終戦を迎えた。戦地に赴くことがなかったのはさいわいだった。

普通の競馬人ならば、競馬が再開するとすぐに競馬場に戻っているが、夏村は戻らなかった。置き手紙をしてまで厩舎を去ったことで、頭を下げて戻るのはためらわれたのかもしれないが、そのまま競馬社会から離れている。

競馬と縁を切り、戦後のどさくさのなかで様々な仕事に手を染めることになる夏村は、ここで驚くべき商才を発揮するのである。まずは解散した部隊に残った軍馬を安く買い取り、農家に高く売った。それで得た資金を元手に下関の闇市で鮮魚を仕入れ、小倉で売りまくった。さらに、一九四八年十一月に復興資金調達を目的にした小倉競輪がはじまると、選手に応募し、競輪選手になっている。選手が足りず、最下位でもじゅうぶんな金を稼げた。

そして一九五〇年に朝鮮戦争が勃発すると、競輪選手をやめ、小倉でホテルとキャバレーを開業する。朝鮮半島に渡る兵士を相手にした商売で儲けに儲け、さらに輪タク（自転車タクシー）会社も興している。当時のことを夏村はこんなふうに語っている。

〈あのころのぼくは、この世に思い残すことはなかった。できたら金のない国へ行ってみたいと考えていた。〉（今井昭雄「厩舎ぶらり歩き」、『優駿』一九八四年九月号）。

わたしは夏村を取材する機会はなかったので、実際にどんな人物なのか知らない。ただ、ステレオタイプ的な見方であることを承知で書けば、夏村の写真を見て、いかにも小倉という街で商売を成功させた人らしい雰囲気があるなと思った。

そんな夏村が競馬の社会に戻るときがくる。一九五一年のあるとき、師匠の坂本勇次郎がたずねてきたのだ。坂本は東京出身だが、小倉を「第二の故郷」のように思っていた男で、競馬が再開したときには京都競馬場で厩舎を構えたが、一九四七年三月に小倉競馬がはじまるとすぐに「第二の故郷」に戻ってきた（小倉競馬場は国営競馬の京都競馬場事務所管轄になっていた)。十三年ぶりに再会した師匠は馬を預けてくれる馬主を探していると言った。戦後は馬も馬主もすくなく、調教師は苦労していた。

このとき夏村は、「炭鉱王」の異名をとった大馬主、上田清次郎を紹介し、自身も馬主になって馬を坂本に預けた。こうして坂本厩舎にかようようになった夏村は、厩舎の手伝いもしている。一度は厩舎を飛びだしたが、生来の馬好きである。事業のかたわら、坂本に勧められてオーナー厩務員(「馬主別当」と呼ばれる)となって厩舎で働くようになっていた。

一九五八年十月二十一日に坂本が癌で亡くなると、坂本厩舎の馬主たちから夏村に調教師になってほしいという要請がある。小倉うまれの男らしく、こどものときから「男になりたい」と思っていた夏村は、ここで男気を見せる。上田清次郎が馬を預けていた上田武司厩舎(京都)の調教助手になり、調教師になるべく勉強をはじめるのだ。

一九五九年三月、調教師免許を取得した夏村は京都競馬場で開業する。プライドが邪魔して騎手としてやっていけなかった夏村も、調教師としては大成功した。一年めは十八勝をあげ、ミヤジリユウで阪神牝馬特別(現阪神牝馬ステークス)に勝った。その後も、二十六勝、三十七勝と勝ち星を伸ばし、四年めの一九六二年には六十六勝をあげて関西でトップ（全国で二位）の成績をあげ、翌年は六十四勝で全国リーディングを獲得している。勝利回数は同数だったが、二着の差で東京の尾形藤吉を抑えての一位だった（二着は夏村五十九回、尾形が五十五回）。十年前はホテルやキャバレーを経営して大儲けしていた男が、いまや日本一の調教師になったのだ。

それからもコンスタントに勝ち星をあげていた夏村厩舎のこの当時の活躍馬には、京都牝馬特別など三つの重賞に勝ったヒロダイコクや、京都杯（現京都新聞杯）で菊花賞馬となるアカネテンリュウを破り、障害に転向して十連勝したキングスピードなどがいる。

一九七〇年に栗東トレーニングセンターが完成すると、夏村はトレセン近くの土地を買って、休養馬やデビュー前の馬を調教するための「外厩」をつくっている。馬房の数が均等に割り当てられる制度のなかで、休養馬も目の届くところで調教できた夏村厩舎の馬はよく走り、よく勝った。

一九七三年には四十八勝をあげて二度めのリーディングトレーナーになった。翌七四年は二十七勝にとどまったが、上田清次郎のホウシュウミサイル（金鯱賞、小倉記念）が活躍している。七五年は四十勝で全国三位になり、ヒダロマンでビクトリアカップに勝っている。

一九七六年も四十六勝で全国三位となるが、この年の活躍馬にはミヤジマレンゴがいる。

「九州の皆さん、ミヤジマレンゴです。蝉しぐれが降り、赤とんぼが舞う小倉競馬場で、菊花賞の健闘を約束したあの馬です」

菊花賞本馬場入場での杉本清の名調子がなつかしいあの馬だ。ミヤジマレンゴは三歳で北九州記念と小倉記念、五歳で小倉大賞典に勝って〝小倉三冠馬〟と言われた。

一九八一年に四十勝をあげて三度めのリーディングトレーナーになった夏村は、翌年の六月十九日には札幌の新馬戦をエリモタイヨー（七勝をあげたスピード馬）で勝ち、史上七人めとなる一千勝も達成した。

夏村はここまでの成績をあげられた秘訣について、先の今井昭雄の記事のなかで、いかにも商売で成功した人らしい受け答えをしている。

〈繋がり合う人たち（筆者注・客や手伝ってくれる人たち）の身になって商売をすることが儲けを呼び込むのだ。ぼくが調教師になって千勝できたのも、この考えに徹してきたからだろう〉

　また、小倉で成績がいいのも九州の馬主が多いからで、「小倉で勝って喜んでもらわねば、プロの調教師として立つ瀬がない」とも語っている。馬主の身になって馬を走らせ、勝ち星を伸ばしていた夏村だが、大レースには縁がなかった。それでも、夏村自身はクラシックやGⅠのタイトルは欲していて、『優駿』（一九八八年七月号）の「日本のホースマン」（聞き手・福田喜久男）では、「これからはすこしわがままを聞いてもらい、大きな勲章を狙いたい」とも語っていた。

　しかし、このときすでに夏村の肝臓は癌に冒されていて、翌年の七月十六日、六十八年の奔放な生涯を閉じた。亡くなる二か月前、ファンドリポポがサンスポ賞四歳牝馬特別（現フローラステークス）に勝つのを京都の病院で見ていた夏村は、オークスに着ていくスーツを新調したそうだが、東京競馬場に行けず、ファンドリポポも四着に敗れた。

# 布施正

## だれからも尊敬された「三冠調教師」

20

セントライトの田中和一郎からコントレイルの矢作芳人まで、三冠レースに勝った調教師は十四人いるが、布施正は「三冠調教師」の栄誉に浴した七人めの調教師である。しかも、クラシックレースに勝ったのは三度だけ、ハクタイセイで皐月賞、バンブーアトラスでダービー、バンブービギンで菊花賞、この三度での偉業であった。

「三冠調教師」という大きな勲章があっても、布施正はどちらかといえば地味なタイプの調教師だった。一九五二年から七十五歳で定年引退する一九九七年まで、四十五年の年月を重ねて築いた勝ち星は八百二十一（うち国営四）で、年平均にすれば十八勝ほどでしかない。勝ち取ったビッグレースも三冠を除けば天皇賞（一九九四年秋、ネーハイシーザー）があるだけである。

しかしその一方で、温厚な人柄で知られた布施は競馬関係者の人望もあつく、五十五歳のときから十年間、日本調教師会の副会長と関西本部長を務めている。就任時の布施は二十四年のキャリアで三百四十勝（重賞四勝）という、中堅調教師のひとりでしかなかった。その人物が関西調教師界のリーダーに抜擢されたのだから、布施がいかに人々から信用され、尊敬されていたかがよくわかる。

布施正は一九二二年九月二十三日に宮崎県にうまれた。父の文蔵は宮崎競馬倶楽部（宮崎競馬場）の調教師兼騎手で、一九二五年には小倉の帝室御賞典に優勝するなど、九州随一と評された名騎手だったという。

布施が競馬社会にはいるのは自然の流れだった。尋常小学校を修了すると文蔵の厩舎で騎手見習いとなり、旧制宮崎中学（現宮崎大宮高校）にかよいながら修業を積んでいる。そして三年後の一九三七年、中学を四年で中退した布施は阪神競馬場の新堂捨蔵に弟子入りする。他人の飯を食えという文蔵の親心がこの道を選ばせたのだ。

新堂は弟子を育成することに熱心な調教師で、布施の兄弟子には諏訪佐市、長浜彦三郎（「三冠調教師」長浜博之の父）、梅内慶蔵（梅内忍の義父）らがいて、弟弟子には柴田寛、大根田裕也、宇田明彦、久恒久夫という面々がいた。そんな環境で騎手となった布施は、障害レースを中心に乗っていたが、一九四三年には兵役によって競馬から離れることになる。

終戦後、競馬が再開すると新堂厩舎に復帰した布施は、一九四九年には国営・小倉競馬場で調教師となっていた文蔵の厩舎に移った。騎手としてはめだった成績をあげられなかったが、一九五二年三月に三十歳で調教師免許を取得し、一年間小倉競馬場で馬を走らせたあと、阪神競馬場に厩舎を移している。

阪神で本格的に調教師生活をスタートさせた布施だが、勝ち星に恵まれない時期が長くつづいた。阪神に移った年には十三勝をあげたものの、国営から中央競馬となった一九五四年は年間七勝に終わった。九州出の小さな厩舎に馬を預けようという馬主はすくなく、二桁の勝ち星をあげた年はまだいいほうだった。調教師になって八、九年めはわずかに四勝しかあげられず、出走回数も六十二、六十六回と目を覆うような成績がつづいた。

それでもすこしずつ馬も増え、一九六二年には生涯最多となる二百七十八回の出走数を記録し、勝ち星もはじめて二十勝台（二十一勝）にのった。そして開業十五年めの一九六六年には重賞（日本経済新春杯、パワーラッスル）も制している。

一九六九年に栗東トレーニングセンターが開場すると、布施厩舎からも多くの活躍馬が登場するようになる。厩舎の馬房数が均等化されたことで、弱小厩舎にも有力馬がはいるようになってきたのである。ハイセイコーブームに沸いた一九七三年には、クラシックでも注目されたディクタボーイがシンザン記念と阪神大賞典に優勝している。

そして前述したように一九七六年に日本調教師会の副会長（関西本部長）に選出されるのだが、この年は、布施個人にとってうれしいできごとがあった。弟子の岩元市三と次女の結婚である。

鹿児島出身の岩元は小学生のときに父を亡くし、中学を卒業すると大阪にでて花屋で働いていた。そこで競馬を知り、十九歳のときに布施に弟子入りし、二十六歳でデビューした苦労人である。そんな弟子を布施は親身になってめんどうをみた。岩元はのちに修業時代についてこんなふうに振り返っている。

〈修業していた間に、収入はゼロになると覚悟していたけれど、師匠（布施正）が進上金をくれた。それに僕の場合、任された馬の馬運が良かった。未勝利戦や新馬戦に持ち馬が勝つんです。〉(『調教師物語』、木村幸治著)

進上金をもらえたおかげで鹿児島の母親に仕送りができたという岩元は、厳格な師弟関係が存在した時代にもかかわらず、布施に殴られたことなど一度もなく、逆にかわいがってもらったとも語っている。

その岩元がエースジョッキーとして活躍するようになると、布施厩舎の成績も高いレベルで安定してくる。一九七八、七九年には二年連続で三十勝台(三十三、三十二勝)をマークし、調教師成績でも全国のトップテン(七、十位)に名を連ねている。

このころの布施厩舎の活躍馬をみてみよう。中距離のスピード馬キングラナーク、四つの重賞に勝った牝馬スリーファイヤー、一九七九年のクラシックで活躍したネーハイジェット、そして〝根性娘〟と呼ばれてアイドル的な人気を博したラフオンテース……。大きなレースには縁はなかったが、どの馬も布施と岩元のコンビにふさわしい〝頑張り屋〟である。

そして迎えた一九八二年、布施ははじめてのビッグタイトルを手にする。バンブーアトラスでのダービー優勝である。このとき布施は六十歳。調教師になって三十年めの節目にダービーの表彰台に立ったのだ。

ダービー優勝で弾みがついた布施厩舎は、長く低迷していた時間を取り戻すかのように活況を呈していく。リーディングトレーナーを争うほどの勝ち星はあげられなかったが、毎年のＧⅠ戦線をにぎわせる有力厩舎となっていた。

そして、一九八九年にバンブーアトラスの息子バンブービギンで菊花賞を制すると、翌年はハクタイセイで皐月賞に優勝している。二頭はそれぞれ七戦めと五戦めで初勝利をあげ、そこから勝ち進んでクラシックホースに登りつめた、まるで布施の調教師人生を投影したような馬だった。ちなみに、このとき岩元は引退して調教師に転じており、二頭には布施の弟弟子・宇田明彦の厩舎に所属する南井克巳が乗っていた。

これで布施は史上七人めの「三冠調教師」となった。前の六人は、毎年多くのエリートホースがはいってくる大厩舎を構えていたり、三冠馬をだした調教師である。叩き上げタイプの馬三頭で三冠を勝ち取った調教師は布施がはじめてだったし、その後もいない。

布施は七十五歳で定年引退するまで第一線で仕事をつづけ、引退する三年前の一九九四年秋にはネーハイシーザーで天皇賞（秋）を制している。布施にとって四つめのビッグタイトルである。

このときネーハイシーザーに乗っていたのは二十五歳の塩村克己だった。塩村は落馬して大怪我を負い、復帰後にフリーになってからは騎乗馬がほとんどなくなっていた。そんなときに布施が声をかけ、それまで一度も自分の厩舎の馬に乗ったことがない塩村をネーハイシーザーの主戦に起用したのだ。光の当たらない人間の気持ちを思いやる、布施の人となりをうかがわせるエピソードである。

「ネーハイシーザーは地獄を見ていたぼくに布施先生が与えてくれた光のような馬。先生にはいくら感謝しても感謝しきれません」

天皇賞のあと、記者に囲まれた塩村がネーハイシーザーに乗せてもらった感謝の気持ちを語っていたとき、七十三歳の布施はしずかに天皇賞に勝ったよろこびを口にした。

「わたしもふるいタイプの調教師ですから、天皇賞にはこだわりがありました。やっと思いが叶いました」

# 浅見国一

## 競馬界の常識を変えたアイデアマン

21

三十三年間の調教師生活で残した成績は七千九百六戦七百八十五勝、重賞勝ちは四十二を数える。そのうちヤマピット（一九六七年）とケイキロク（一九八〇年）でオークスを制し、一九九四年にはヤマニンパラダイスでＧⅠの阪神三歳牝馬ステークス（現阪神ジュベナイルフィリーズ）に勝っているが、牡馬でビッグタイトルを取っていないのがすこし寂しい。

それでも、浅見国一《くにいち》という調教師がとくべつな存在として語られているのは、いまでは常識になっていることをいち早く実践したり、浅見の発案によって導入されたり普及したものが多いからだ。名神高速道路が開通したときに京都競馬場から中京競馬場まで当日輸送で馬を運んだのも、それまでは滞在競馬だった小倉競馬場に前日輸送で馬を出走させたのも浅見が最初だった。栗東トレーニングセンターでの調教開始一時間後にコース整備のハローがけをするよう提案したり、坂路コースの設置を中央競馬会に働きかけたのも浅見だった。ゴム製の腹帯や鞍下に敷くスポンジを導入したり、空気抵抗のすくないエアロフォームと呼ばれる勝負服を最初に使ったのが浅見だったこともよく知られている。

ふるい慣例に囚われない軟らかな発想でさまざまなことを実行に移していった浅見だが、そのなかでもっともユニークで、しかしまったく普及しなかったのが馬に麦わら帽子を被せたことだ。「どうして麦わら帽子を」ときかれ浅見は、ただひとこと「馬も涼しいと思って」と言ったそうだ。

競馬界きってのアイデアマン、浅見国一は一九二一年十二月二日に岐阜県芥見《あくたみ》村（現岐阜市芥見）でうまれた。生家には荷役馬がいて、父親は故障した馬を預かる仕事もしていた。浅見自身も村の旗競馬（農耕馬による競馬）に出場したり、幼いころから馬とは縁が深かった。

一九三五年、十三歳の浅見は京都競馬場の相羽仙一厩舎に騎手見習いとして入門する。相羽の生家が浅見の家の隣だったこともあるのだが、相羽厩舎の馬主で、故障した馬を浅見の父に預けていた人物が相羽を紹介してくれたのだ。

相羽に弟子入りして七年後の一九四二年、浅見はようやく騎手となるが、戦時中のことで、ほどなくして召集されている。送られたのは悲惨な戦場となったビルマ戦線で、三万人にのぼる日本兵が犠牲になったことで知られるインパールにも行ったという。『優駿』（一九七〇年十一月号）の「うまや訪問」で浅見を取材した西野広祥は「ビルマでは死を覚悟したこともありましたか」とたずねている。

〈ありませんね。丈夫でしたから、必ず帰ろうという自信を持っていました。〉

そう言う浅見は、ビルマに行く途中、シンガポールの競馬場に寄ったときの話もしている。

〈もし、戦争に勝って、シンガポールにでも残れるなら、いいところだから、ここで一人前の騎手になってもいいや、とね。〉

戦場で生き延びた浅見は、終戦後も一年余の捕虜生活を送っている。一九四六年に復員するとすぐに京都の高橋直三厩舎で騎手となり、一九六三年には橋本正晴厩舎に移籍し、引退するまで通算五百七十六勝（中央競馬では三百四十八勝）をあげた。一九六〇、六一年と二年連続で関西のリーディングジョッキーになり、菊花賞二勝（一九五〇年ハイレコード、五八年コマヒカリ）、天皇賞（六一年春、ヤマニンモアー）などに勝っているが、騎手時代の一番記憶に残る馬は阪神三歳ステークス（当時）を含めて十一連勝（うちレコード六回）したウイザートだったという。

その浅見が調教師に転じたのは一九六四年三月、四十二歳のときだった。前年の十月に師匠の相羽仙一が癌で急逝、周囲からの働きかけもあって、相羽厩舎を引き継ぐかたちで調教師となったのだが、浅見本人は調教師になるつもりはまったくなかったようだ。当時ベテランのトップジョッキーだった浅見は、このままずっと騎手をつづけ、引退したら馬主になって競馬を楽しもうと密かに考えていたという。それでなくても、一九六三年は三十五勝をあげてリーディング八位、重賞も四勝していた。調教師となる二か月前にはコウライオー（前年重賞三勝で菊花賞二着）で日本経済新春杯（現日経新春杯）にも勝っている。

調教師になって一年めは十四勝だったが、桜花賞三着、オークス二着で京阪杯にも勝ったヤマニンルビーが活躍した。「ヤマニン」の冠名で馬を走らせていた土井宏二（土井商事）は、浅見が騎手時代から世話になっていた、もっとも付き合いの長い馬主である。ちなみに、ヤマニンルビーの馬主は川田武といい、土井商事の取締役である。

開業四年めの一九六七年にはヤマピットでオークスを制し、はじめてビッグタイトルを手にしている。ヤマピットはのちに「華麗なる一族」と呼ばれる名門母系で、名繁殖牝馬ミスマルミチの姉である。付け加えれば、ヤマピットのオーナー小林信夫もまた、土井商事の常務だった。

浅見厩舎の「ヤマニン」で印象に残っている馬がいる。重賞勝ちはないが、二歳だった一九七三年から九歳になった一九八〇年まで九十九戦（十勝）したヤマニンバリメラである。馬券を買えない関東のファンの間でも出走するたびに話題になった人気馬だった。

昭和四十年代から五十年代の浅見厩舎を支えたオーナーには「ケイ」の内田恵司、敦子夫妻もいる。ケイタカシ（大阪杯、金杯など十二勝）にはじまり、ケイサンタ（朝日チャレンジカップ二勝、オークス二着）、ケイシュウ（日本経済新春杯）など活躍馬が次々に登場し、一九七三年のオークスで最下位（二十二着）だったケイスパーコ（ＣＢ

C賞）の娘がオークス馬ケイキロクである。

ケイキロクがオークスに勝つ前の年、一九七九年に、浅見厩舎は三十五勝でリーディングの六位（関西五位）になっている。勝ち数では四十四勝した一九七〇年（全国十一位）が最多である。

そしてもうひとつ、浅見厩舎といえば「メジロ」である。京都記念（秋）など九勝したメジロジゾウ、一九八〇年春の天皇賞二着馬メジロトランザム（日経新春杯）、メジロアサマの娘メジロカーラ（京都大賞典）、平地と障害で重賞に勝ったメジロワースなど、いかにも浅見厩舎らしくタフな活躍馬が多かった。

「ヤマニン」「ケイ」「メジロ」の浅見は社台ファームとはほとんど交流がなく、「アンチ社台」の代表格のように思われていたが、社台ファームの吉田善哉が栗東をおとずれたとき、浅見は吉田を厩舎に招いて自分でお茶をいれてもてなしたという。調教師仲間は浅見のふるまいに驚いたが、浅見は平然と「みんなの馬主さんじゃないか」と言い、吉田も「かれはサービスマン調教師だ」と喜んでいたそうだ。偉大な競馬人はおとなである。

そんな浅見厩舎で個人的に忘れられないのがヤマニングローバルである。一九八九年、デビューから三連勝でデイリー杯三歳ステークス（当時）に勝ったあと骨折が判明する。安楽死処分になってても不思議でないほどの重傷だった。しかしあきらめきれない浅見は、骨折した患部をボルトで固定する手術をおこない再起を期した。

翌年の春の午後、べつの取材を終えて浅見厩舎の近くを歩いていたわたしは、浅見に呼び止められた。「ヤマニングローバルを見ていけ」と言う。馬房の前で状況を話してくれた浅見は、ヤマニングローバルの好物だというバナナを食べさせながら言った。

「ぜったいにダービーにだすからな」

ヤマニングローバルはダービーには間に合わなかったが、骨折から一年二か月後に復帰し、ふたつの重賞に勝った。浅見はオークスに二勝しながら三冠レースには勝てなかった。ヤマニングローバルをダービーにだしたかった気持ちが痛いほどわかった。

皮肉な巡り合わせというか、浅見が最後に手がけた牡馬で唯一のＧＩ馬となるメジロブライトが天皇賞（春）に勝つのは、浅見が定年引退した一年後のことである。

一九九七年二月に引退したあとも浅見国一は競馬界から離れなかった。京都競馬場のＧＩレースに行くと、検量室にはいつも浅見の姿があった。メジロブライトの取材で会った息子の浅見秀一は「引退してからも毎日厩舎に顔をだすので、ほんとうにやりにくい」と笑っていた。浅見はまた、二〇〇八年にJRAの馬主資格を取っている。「騎手をやめたら馬主になる」という思いを、調教師を引退してから実現させたのだ。勝負服は赤と水色の「ヤマニンカラー」で、三頭所有し二頭が勝ち馬になったのはさすがである。

二〇一二年の春、北海道の日高で浅見の姿を見かけた。馬主として仔馬を探しにきていたのだろうか。いつまでも元気な姿に驚いた。

訃報を知ったのはそれからしばらくしてからだった。五月二十七日にダービーをテレビで観戦した浅見は、翌日も息子の厩舎に顔をだしていたそうだ。そしてその日、眠るようにして亡くなったという。九十歳。競馬人としてこれほど幸せな最期はないと思った。

# III

# 小林稔

## 我慢を重ねて天下統一

22

　通算勝利数は八百九十九で、重賞優勝は五十一。リーディングトレーナー四回を誇る名調教師である。

　はじめて小林稔を見たとき、怖そうな人だなと思った。しかし、一度取材に行くと、話し好きで、取材者に協力的な調教師だということがわかった。ひととおりの取材が終わると、いつも小林のほうからたのしい話をしてくれた。そして、騎手だった戦後の混乱期の活字にはしにくいような話など、横道にそれながら、最後はかならず大好きな戦国時代の話になった。

好きなのは信長だが、家康のように天下をとりたい――。

口癖のように言っていた小林にとっての「天下」はダービーだった。だから、いつもダービーの前になると小林は堅く口を閉ざした。わたしも一度だけ経験している。一九九八年のエモシオン（六番人気で九着）の取材で、ダービーは二年前に勝っているから大丈夫だろうと高をくくっていたのだが、まったく取材に応じてくれなかった。小林はしずかに出陣の日を迎えたかったのだ。

小林稔は一九二六年三月十日に東京の目黒でうまれている。父の三雄三《みおみ》は目黒競馬場の騎手だった。ほどなくして三雄三は兵庫県の鳴尾競馬場に移り、少年時代をそこで過ごした小林は、幼いころから競馬の世界にはいること以外考えていなかったという。

一九四〇年、十四歳になった小林は旧制尼崎中学に進学する。しかし一刻も早く騎手になりたいという思いが強く、中学を三年で中退し、京都競馬場に厩舎をもっていた父のもとで騎手見習いとなった。そして一九四四年四月に騎手デビューするのだが、すでに競馬の開催は中止されており、小林の初騎乗は馬券発売のない能力検定競走であった。

戦後、小林は騎手として復帰した。しかし馬も馬主もすくない時代である。京都にあった父の厩舎は倒産を余儀なくされ、一九五三年に新設された中京競馬場で再建されるまでの間、小林は所属厩舎がないまま馬に乗ることになる。ところが、これが思わぬ幸運をもたらす。札幌で出会ったトラツクオー——国営競馬の平地最多勝（二十八勝）として知られる名馬——で菊花賞（一九五一年）と天皇賞（五二年秋）に勝つのである。

だが、騎手としてはトップクラスにはほど遠かった。中央競馬となった一九五四年九月以降の成績をみても七百十三戦九十五勝でしかない。減量に苦しみ、騎乗数がすくなかったのだ。それでも騎手会会長として〝公務〟に勤しんでいたというのが小林らしい。

三十八歳になった一九六四年、小林は調教師免許を取得、翌年三月に中京競馬場に厩舎を開いている。〝天下統一〟への道は桶狭間の古戦場跡も近い尾張の地ではじまった。

阪神や京都と比べて規模の小さな競馬場で始動したこともあってか、初期の小林厩舎は華やかさとは無縁だった。それでも堅実な成績を残していく。開業一年めは十三勝。二年めには二十二勝をあげて北九州記念（ハジメリユウ）に勝った。一九六九年にはあたらしくオープンした栗東トレーニングセンターに移り、その二年後の七一年には中京の高松宮杯（シュンサクオー）に勝っている。

そして一九七六年、小林は五十三勝をあげてリーディングトレーナーとなる。ここまでビッグレースのタイトルはなかったが、厩舎を開業して十二年めで、日本一にのぼりつめたのである。

早々にリーディングトレーナーになったものの、ほんとうの意味で小林がトップトレーナーとして活躍するのは一九八〇年代から九〇年代のはじめにかけてである。一度だけ極端に低迷したときがあったが（八八年、十五勝、全国九十二位）、つねに調教師成績の上位に位置し、八五年（四十一勝）、八九年（四十勝）、九二年（五十勝）とリーディングトレーナーの座に就いている。とくに一九九二年の成績はすばらしく、勝率は二割三分九厘（二百九戦五十勝）という高い数字を叩きだし、JRA賞の調教師三部門を占めるほどだった。

勝ち星だけでなく、小林厩舎の馬は重賞戦線で華やかな活躍をみせるようになっていた。一九八三年にはロンググレイスでエリザベス女王杯に勝つと、八五年にはスズカコバンで宝塚記念、九二年にはアドラーブルでオークス、タケノベルベットでエリザベス女王杯を制している。ロングヒエン（マイラーズカップ）、ロングハヤブサ（阪神三歳ステークスほか）、ファイアーダンサー（京都牝馬特別）、ランドヒリュウ（高松宮杯ほか）、クラウンエクシード（ウインターステークス）、ミスターシクレノン（鳴尾記念ほか）など、個性的な活躍馬も数多く育っていた。

「家康のように天下をとりたい」と言ってはばからなかった小林は、いい意味で強烈な上昇志向のある男だった。リーディングトレーナーになってからも「躍進、また躍進」と言ってつねに上を見つめていた。そして、トップクラスの成績を保っていく秘訣を問われた小林は、いつもおなじ答えをしている。

「一に健康。二に努力。三に忍耐」

「健康」であってこそ仕事ができるという考えの小林は、たばこはのまず、酒もほとんど口にしなかった。また、「努力の結晶が運だ」と言い切り、見た目からは想像しにくいのだが、几帳面で、地道な努力を惜しまない人だった。開業した当時から「調教日誌」を毎日つけていた。繁殖牝馬が種付けされたときから血統をチェックし、仔馬がうまれたと聞けばだれよりも先に見に行った。

「一に我慢、二に我慢、三、四がなくて五に我慢」

これもまた小林の口癖である。小林厩舎の特長のひとつが出走回数のすくなさで、八百九十九勝しているが、出走回数は五千五百二十五回でしかない。休ませたほうがいいと判断したら、じっくりと休ませ、デビューが遅くなる馬もめずらしくなかった。「我慢」が小林厩舎の馬を走らせていた。

そして、冒頭でも書いたように、小林がとくべつ執念を燃やしていたのがダービーだった。小林がはじめてダービーに出走させたのは一九八二年のロングヒエンだった。圧倒的なスピードで二戦二勝、鳴り物入りで関東にやってきたロングヒエンは、皐月賞は二番人気で七着、NHK杯も四番人気で四着だった。それでもダービーでは三番人気に支持されたほどの才能をもった馬だったが、スタートでフライングし、外枠発走（二十八頭立てだったので三十番枠）となって十五着と大敗してしまう。翌八三年はスズカコバンが八番人気で十着。八四年は青葉賞（当時はオープン特別）に勝って臨んだラッシュアンドゴーが三番人気で十八着。八五年は京都四歳特別（一九九九年を最後に廃止）に勝ったランドヒリュウが九番人気で四着だった。

当時、ラッシュアンドゴーやランドヒリュウを関東のメディアは「関西の秘密兵器」と呼んでいたが、その象徴のように語られる馬が一九八九年に登場する。ロングシンホニーである。父は二頭のダービー馬をだしているパーソロン、母のスイーブは小林厩舎のロングイーグル（一九八一年菊花賞三着）やロンググレイス、ファイアーダンサーらを産んでいる、八〇年代を代表する名繁殖牝馬である。それにくわえて、京都二千四百メートルの若草ステークス（オープン特別）を九馬身差で勝ってきたことで、ダービーでは一番人気に支持されたのだが、五着に負けている。

小林がようやく〝天下統一〟を成し遂げたのは一九九六年のフサイチコンコルドだった。ロングヒエンから数えて九回めでの大願成就だった。

フサイチコンコルドはうまれたときからダービーを狙える素質をもっている馬だと小林は思っていた。しかし体質が弱く、輸送するだけで熱をだした。そのためにトライアルのプリンシパルステークスを使えず、ダービーはデビュー三戦め、約三か月ぶりのレースとなった。小林らしくない、無謀なチャレンジだという声もあった。しかしぎりぎりまで迷った末に小林はフサイチコンコルドをダービーに出走させ、そして勝った。

〈正直言って、こういう使い方をしたのは私も初めてですね。長年やってますけど2週間で仕上げて使ったのはね。〉（『優駿』一九九六年七月号、「杉本清の競馬談義」）

ダービーのあと小林は語っている。天下をとるために家康のように我慢を重ねてきた男が、調教師人生ではじめての賭けにでて、勝利したのである。

フサイチコンコルドのダービーから三年後、小林は定年引退となった。最後の重賞勝ちは一九九九年二月十四日の京都記念、勝ったのは、わたしがダービー前に話をきけなかったエモシオンだった。その二週間後の引退式は、小林の希望で〝天下統一〟への道を歩みはじめた中京競馬場でおこなわれた。

# 伊藤修司

## 偉大な父伊藤勝吉を超えて

23

本書では二組の父子調教師を紹介しているが、ともに「史上唯一」とつく父子である。松山吉三郎と松山康久は父子で唯一の一千勝調教師となり、伊藤勝吉と伊藤修司は史上唯一の父子でリーディングトレーナーに輝いている。父子一千勝はもちろん、父子のリーディングトレーナーも今後も簡単には登場しそうもない大偉業である。さらに、伊藤父子はふたりとも桜花賞と菊花賞に勝っているように、関西を代表する父子調教師だった。

伊藤修司は一九三〇年二月二十二日に兵庫県の鳴尾競馬場でうまれた。当時、父の勝吉は阪神競馬倶楽部の調教師兼騎手で、名騎手として名を馳せていた。そうした父のもとで育った伊藤は幼いときから馬に慣れ親しんでいて、将来は父のように馬の世界で生きていくつもりでいた。ところが父は、息子たちが競馬社会にはいることに否定的だった。

「馬の商売なんかやらなくていい。会社員になったほうがいい」

と言って、伊藤を高等商業学校に進ませている。しかし、父に言われるがままに進学したものの、勉強よりも馬に乗って身を立てたいという思いが強く、競馬の社会にはいっていく。四人兄弟で競馬の社会にはいったのは次男の修司ひとりだった。

終戦後の一九四六年七月、十六歳になった伊藤修司は父の親友でもあった東京競馬場の尾形藤吉に騎手見習いとして弟子入りする。最初は会社員になることを勧めた勝吉だが、競馬の仕事をしていくならば他人の飯を食ったほうがいい、という思いもあっただろうし、将来、自分の厩舎を引き継ぐ息子を名門厩舎で修業させたいというのは親の本音だったろう。

尾形厩舎時代の伊藤は修業の日々だった。一九四八年に騎手免許を取ったが、尾形厩舎には保田隆芳を筆頭に八木沢勝美、野平祐二など錚々たる兄弟子が揃っていたうえに、体が大きかったこともあって騎乗機会はすくなかった。師匠の尾形も、親友の息子でもとくべつ扱いはしなかった。関西の大厩舎の御曹司でもひとりの弟子にすぎない。

それでも伊藤には学ぶことは多かった。競馬史に名を残す先輩たちの騎乗を間近で見られたし、多くの名馬に接することもできた。尾形厩舎だからこそ経験できたことも多かった。一九五一年には戦後はじめてサラブレッドを輸入した農林省競馬部と軽種馬農協の購買チームの一員（馬輸送の補佐役）として渡米、アメリカの競馬を見学している。

そして尾形厩舎で六年あまり修業を積み、一九五三年に京都競馬場の父の厩舎に移籍してきた伊藤は、減量に苦労しながらも、騎手として着実に実績をあげていった。なにしろ毎年尾形藤吉と全国一、二位を分け合っていた大厩舎なのだ。一九六一年には三十五勝をあげて全国九位になり、オークス（チトセホープ）、宝塚記念（シーザー）など重賞六勝という活躍をしている。

ところが騎手として脂がのってきた一九六三年に勝吉が急逝、伊藤は騎手をやめ、翌年三月に調教師免許を取得する。父の厩舎の馬はいったん弟子の松田由太郎が預かっていたが、開業と同時に伊藤が引き継ぐことになった。三十四歳のときである。

おそらく伊藤ほど恵まれたスタートをきった調教師はいないだろう。なにしろ関西随一の厩舎をそのまま受け継いだのである。開業当時の管理馬名簿をみると、登録馬は三十七頭、所属騎手四人、調教助手三人、厩務員二十人とある。翌一九六五年の一月にはスタッフが三十七人、登録馬は五十九頭まで増えている。新人にしていきなり大厩舎の経営者である。

伊藤厩舎は当然のように好成績をあげた。一年めには四十五勝で関西の四位（全国六位）、二年めは六十三勝で関西二位（全国三位）というぐあいだ。偉大な父親の遺産——馬やスタッフだけでなく馬主や牧場とのつながり——をそのまま引き継いだことで最初からこれだけの成績をあげられたのだが、伊藤はそれに頼るだけではなかった。調教師になってからは精力的に牧場をまわるようになっていた。「伊藤勝吉の息子」という身分証明は牧場をまわるには効果的だったが、季節に関係なく、どんなに寒いときでも、月に何度も北海道に足を運んで馬を探して歩いた。それは引退するまで変わらなかった。

そうやって見つけた掘り出し物がマーチスである。静内町（現新ひだか町）に開設されたばかりのカントリー牧場の生産馬だったマーチスは、オーナーの谷水信夫が「はじめての商売」ということで、三百万円から二十万円おまけして、二百八十万円で譲ってくれたのだった。値段から二、三勝すれば御の字、という程度の期待だった馬は一九六八年の皐月賞など九つもの重賞を制している。

自分の足と眼で探して仕入れた馬が厩舎にはいってくると、伊藤厩舎はさらに充実していった。一九六九年にはヒデコトブキで桜花賞に勝ち、勝ち星でもはじめて関西一位（六十六勝、全国二位）となっている。栗東トレーニングセンターがオープンして厩舎の馬房数が平均化されてもその勢いは衰えなかった。つねに調教師成績の上位に名を列ね、毎年いくつもの重賞を勝ちとっていった。

そのころの活躍馬には一九七二年のクラシック最有力候補といわれながら故障してしまったヒデハヤテ（阪神三歳ステークスなど重賞三勝）や、中山大障害四連覇（一九七四年春から七五年秋）をなしとげたグランドマーチスがいる。グランドマーチスはほかに京都大障害三連覇（七四年秋から七五年秋）など障害レースで十九勝し、ＪＲＡの顕彰馬にも選出されている歴史的な名ジャンパーである。

昭和五十年代になると伊藤厩舎はさらに華やかさを増していく。一九七七年から四年連続でリーディングトレーナーとなるのである。勝利数も四十五、五十、五十八、五十五勝とすばらしいものだった。

重賞戦線での活躍もめだっていた。まだ東西の交流もすくなく、対抗意識も強かったが、伊藤厩舎の馬は関東ファンの間にも浸透していった。〝時代の主役〟として活躍しながら大レースには縁がなかったバンブトンコート（阪神三歳ステークスなど重賞七勝）、小柄な逃げ馬で人気があったメジロイーグル（京都新聞杯）、トップクラスの牡馬と互角に戦った牝馬のシルクスキー（京都大賞典など重賞四勝）、そして〝伊藤修〟ブランドの象徴となったのがハギノトップレディとハギノカムイオーの姉弟である。

姉のハギノトップレディは桜花賞、エリザベス女王杯（一九八〇年）、高松宮杯（八一年）などを逃げきった天才ランナーだった。弟のハギノカムイオーは当歳のせり市で一億八千五百万円で落札され、社会的にも大きな話題となった馬である。〝黄金の馬〟などと呼ばれ、一九八三年の宝塚記念を五馬身差のレコードで逃げきるなど、姉に負けない快足ぶりをみせてくれた。

昭和六十年代になると昭和五十年代のような華やかさこそ影を潜めたが、年号が平成にかわるとき、伊藤の晩年の傑作が登場する。スーパークリークである。

スーパークリークは一歳秋のせり市で落札した馬で、落札額は八百十万円だった。左前脚がすこし曲がっていたために夏のせりでは売れなかったが、似たような脚で走っていたハギノトップレディを扱っていた伊藤は、問題ないと判断した。菊花賞（八八年）、天皇賞に二勝（八九年秋、九〇年春）して、オグリキャップらと名勝負を繰り広げたスーパークリークは、ハギノカムイオーとは対照的な馬だったが、伊藤にすれば「調教師として自慢できる一頭」であった。

しかし、スーパークリーク以降の伊藤厩舎は低迷していった。一九九二年には重賞勝ちもなくなり、開業二年めからつづいていた、中央競馬として最多記録だった連続重賞勝ちも二十七年で途切れることになる。

そして二〇〇〇年二月、七十歳になった伊藤は定年引退した。通算千二百二十五勝は中央競馬史上五位（二〇二四年現在六位）、重賞八十三勝は師匠の尾形藤吉につづく史上二位（現三位）という大きな記録であった。

それほどの記録を残した伊藤だが、不思議なことに、ダービーだけは勝てなかった。皐月賞馬マーチスはレース中の大きな不利があって四着に負けた。クラシックの大本命と目されていたヒデハヤテは故障に泣き、一番人気になったバンブトンコートは骨折と手術、タイトなローテーションがたたって四着に終わった。どうしてもダービーに出したかったと伊藤が言うスーパークリークも春は故障で休んでいた。運命のいたずらとしか言いようがない。

引退後しばらくして、わたしは『調教師の本Ⅶ』の取材で、北海道新冠町の萩原トレーニングセンターに伊藤をたずねた。伊藤は育成牧場で若駒のトレーニングに携わっていた。

「ずっと馬と一緒に生きてきたからね。引退しても馬とかかわっていきたいんだ」

伊藤は言った。調教師時代には見られなかったおだやかな笑顔が目の前にあった。

# 24 服部正利

## 短距離馬の道を開いた変革者

服部正利のことを書くために、あらためてニホンピロウイナーに関する記事を読み直していて、ああ、そうだったのか、と思った。

一九八五年の安田記念にニホンピロウイナーが勝ったとき、調教師の服部の姿は東京競馬場になかった。四日後に胃の手術を控え、入院していたのだ。安田記念の詳報を伝える『優駿』の取材にコメントした調教助手は、術後の服部について「経過は良好で、もうすっかり元気になりました」と語っている。

そして秋。ニホンピロウイナーがマイルチャンピオンシップを連覇したときには、服部は京都競馬場にいた。前走の天皇賞（秋）でニホンピロウイナーはギャロップダイナの三着（ウインザーノットと同着）に敗れたが、二着のシンボリルドルフに半馬身差まで迫っていたこともあり、ルドルフとの再戦を期待する関西の記者が「つぎは有馬記念か」と問うと、ひさしぶりに服部らしい受け答えをしたという。

「有馬記念？　胃潰瘍で胃を半分切ったおれに、胃が痛くなるようなことを言うなよ。これから慎重に考えるよ」

結局、ニホンピロウイナーはマイルチャンピオンシップを最後に引退している。服部には年明け早々に『優駿』の「杉本清の競馬談義」に出てもらったのだが、やせ細り、「服部ラッパ」でならした豪放なイメージは消え失せていたことを覚えている。

服部が亡くなったのは、それから一年十か月後の一九八七年十一月十六日だった。胃癌、五十六歳という若さだった。

服部正利は一九三〇年十一月二十五日、愛知県名古屋市にうまれた。少年時代について、服部は西野広祥の「うまや訪問」（『優駿』一九七二年七月号）で語っているのだが、父親は「職をいろいろ変えて、特別になにをやっていた、というわけじゃない」という。

服部自身も、学校がきらいで、字を書くのもきらいだった。

〈上の学校へ行こうなんて全然考えなかった。それより、奉公に行って早く偉くなりたい、と思いましたね。〉

競馬の社会にはいったのは、母の姉が鳴尾競馬場の伊藤勝吉に嫁いでいたからで、一九四三年に尋常小学校を卒業した日の午後、服部は兄に連れられて鳴尾競馬場に行き、伊藤のもとで騎手見習いとなった。しかし翌年、戦争で競馬は中止となり、輓馬機動隊（馬車で物資を運ぶ部隊）で働いている。

戦後。服部は一九四八年三月に騎手免許を取得する。それから一九六五年まで騎手をつづけ、通算成績は千二百五十九戦百七十六勝。騎手時代について服部は「あまり恵まれず、これといって思い出に残るような名馬に乗ったこともない」と西野に語っているが、のちに強気な発言から「服部ラッパ」と呼ばれるようになる男は、「永田ラッパ」の異名をとった永田雅一（大映社長）にかわいがられ、ラシヨウモン（伊藤勝吉厩舎）でダービー（一九五三年、十五着）に騎乗している。

また、肩幅が広く、がっしりした体型の服部は体重も重く、障害レースに乗ることが多かった。障害では七十六勝し、騎手として唯一の重賞勝ちも一九五八年秋の京都大障害（優勝馬ユーシユン）だった。

しかし、騎手生活の終盤には二年連続で落馬して大怪我も経験した。それも原因となって騎手をやめた服部は、一九六六年に三十五歳の若さで調教師免許を取得し、京都競馬場で開業する。「勉強も字を書くのもきらいだった」少年とは思えないほどの早さである。

しかし、名門・伊藤勝吉厩舎から独立したといっても、騎手の実績も乏しく、まだ若い調教師は馬を集めるのも大変だった。一年めはわずか五十七回の出走で、四勝に終わる。それでも二年めに十八勝すると、十五勝、二十二勝、三十三勝と順調に勝ち数を伸ばし、六年めの一九七一年には三十九勝で全国十二位までランクアップしている。この年、厩舎のエースとして活躍したのがニホンピロムーテーである。

ニホンピロムーテーの馬主は小林保という。一緒に日本ピローブロック製造（現FYH）を創立した弟の小林百太郎とともに馬主になり、服部厩舎の大スポンサーとなる人物だ。母のニホンピロー（五勝）も小林保の所有馬で、ニホンピロムーテーのひとつ上の兄パナスウェー（冠名は使ってないが小林の馬）も服部が預かっていたのだが、新馬戦で大敗して引退、その代わりに弟も服部が預かることになったのだという。ニホンピロムーテーは菊花賞を含めて六つの重賞に勝ったが、二周めの向こう正面で先頭に立って逃げきってしまった菊花賞は、天才・福永洋一の騎乗を語るうえで欠かせない〝伝説のレース〟である。

ニホンピロムーテーが四歳になった一九七二年、服部厩舎は四十四勝で全国六位となると、七三年四十勝、七四年三十七勝で三年連続で六位にはいった。そしてこのとき、ニホンピロムーテーからバトンを受けるようにして登場したのがキタノカチドキである。

キタノカチドキは馬主の初田豊と一緒に馬を探していた服部が、北海道門別町（現日高町）の佐々木節哉牧場で見いだした馬だった。一九七四年に導入されたシード制（単枠指定。人気が集中する馬をひとつの枠に入れる制度。馬連が導入された一九九一年に廃止）を適用された第一号として知られ、菊花賞まで十一戦十勝だった。厩務員のストライキで体調を崩したうえに七枠十九番にシードされたダービーは三着に敗れ、無敗の三冠馬にはなれなかった。それでも、中央競馬会の公式ハンデキャッパーによるフリーハンデ（現在のサラブレッドランキングに相当）ではシンザンの六十三キロを上まわる六十四キロと、一九六〇、七〇年代の「最強の三歳馬」という評価を受けている。

ニホンピロムーテー、キタノカチドキで一躍名をあげた服部厩舎は次々に活躍馬を送りだしていく。ロッコーイチは小倉で三つの重賞（北九州記念、小倉大賞典、小倉記念）に勝ち、スワンステークス、CBC賞（二勝）などに勝ったリキタイコーは一九七〇年代の関西を代表するスピード馬だった。そして一九七八年にはキタノカチドキの妹リードスワローでエリザベス女王杯に勝っている。

リードスワローの馬主、熊本芳雄も服部厩舎を支えたオーナーで、クラシックには恵まれなかったが、毎年のように活躍する馬が現れた。一九八〇年はキタノカチドキの産駒タカノカチドキが京都四歳特別に勝ってダービーに臨んだが、直前に右前脚を捻挫して出走を取り消し、菊花賞は二番人気で三着だった。翌八一年はアローエクスプレス産駒のリードワンダーがきさらぎ賞をタイレコード勝ちしたが、クラシックを前に右前脚を骨折してしまった。復帰後も未勝利に終わったリードワンダーは、種牡馬になってシヨノロマン、サンキンハヤテなど多くの活躍馬をだした。八二年のクラシックはデイリー杯三歳ステークスと阪神三歳ステークスを連勝したリードエーティが期待されていたが、この馬も脚部不安でクラシックを棒に振っている。

そして一九八二年にも服部厩舎に二頭のすばらしい才能をもった二歳馬がはいってきた。

一頭は熊本芳雄のリードホーユーである。デビュー戦では阪神三歳ステークス（当時）に勝ったダイゼンキングを大差で退けながら、気性が悪く、四コーナーで外埒まで飛んでいったりして勝ちきれないレースがつづいていた。わたしたち関東のファンは短波ラジオや競馬週刊誌でしか伝えられない馬のスケールの大きさを想像しながらクラシックを待っていたものだ。結局、春はクラシックに出られず、秋はミスターシービーが三冠馬となった菊花賞で四着になり、有馬記念では古馬勢を圧倒して優勝した。しかし、レース後に故障が判明、引退を余儀なくされている。

そしてもう一頭が小林百太郎のニホンピロウイナーである。ニホンピロウイナーも佐々木節哉牧場の生産馬で、母のニホンピロエバートはキタノカチドキの妹になる。二歳のときからクラシック候補の呼び声も高かったが、不良馬場の皐月賞で二十着に大敗すると、服部はダービーをあきらめる。中央競馬の一大改革となる一九八四年の「距離体系の整備」を前に短距離のレースが増えていたこともあり、服部はニホンピロウイナーのスピードが生かせる舞台を選んで走らせたのだ。その結果、前述したように一九八五年の安田記念に勝ち、八四、八五年とマイルチャンピオンシップを連覇し、『優駿』の「年度代表馬」で三年連続で最優秀スプリンターに選ばれるのである。服部とニホンピロウイナーは、長距離の大レースに勝つのが名馬の条件だった時代に、マイラーやスプリンターの道を開いた変革者となった。

ニホンピロウイナーが引退した一九八六年、服部は四十一勝をあげ、はじめてリーディングトレーナーになった。名実ともに関西を代表する調教師となった服部は、あとはキタノカチドキで逃したダービーを勝つだけだった。二十二年の調教師生活で六百二十八勝をあげ、重賞は四十五勝。定年までまだ十四年という時間が残されていた。

# 内藤繁春

## 優駿牧場と史上最多の出走回数

25

ここまで、夏村辰男、矢野幸夫、浅見国一など個性的な名調教師をとりあげてきたが、内藤繁春もユニークさでは引けをとらない人だった。優駿牧場をつくり、育成だけでなく、生産もしていた。『名馬を読む3』で詳しく書いたが、ダイユウサクの有馬記念では五枠で勝つ夢を見て、実際にそうなった。そして、とりわけ人々を驚かせ、慌てさせたのは調教師を定年引退したあとに騎手試験を受けたことである。

そんな内藤が三十三年の調教師生活であげた勝ち星は八百九十二勝（地方を入れると八百九十六勝）である。年平均にして約二十七勝。重賞は二十五勝。本書でとりあげた調教師たちのなかにはいると、とくべつめだった数字ではなくなるが、出走回数の一万千二百十三回（地方を入れると一万千二百五十七回）は中央競馬における歴代一位である。日本中央競馬会になった一九五四年以降、一万回出走を達成した調教師は内藤のほかに夏村辰男、佐藤勇、久保田金造、和田正道しかいない。それだけ健康で丈夫な馬をつくらないといけないわけで、それもまた調教師の重要な仕事である。

内藤繁春は一九三一年一月二日、愛知県高浜町（現高浜市）にうまれた。九人きょうだい（七男二女）の八番めで六男だった。高浜は名古屋コーチンの生産が盛んな地域で、内藤の生家も養鶏場を営んでいたという。以下、競馬場にはいるまでの内藤についてはノンフィクション作家・木村幸治の『調教師物語』を参考にして書いていく。

戦時中、内藤少年は製鋼所で働き、十四歳になると海軍の乙種飛行予科練習生の試験を受けたが、体が小さく不合格だった。終戦後、生家近くの鉄工所で働きながら工業高校の夜間部に入学した内藤は肺を患って休学していたときに高校の友人から地方の岡崎競馬場（一九五三年廃止）に誘われる。はじめて競馬を見て騎手という仕事に魅力を感じた内藤は、体の小さい自分にはうってつけの仕事だと思った。しかし、騎手になりたいと父に言うと、「競馬場は犯罪者が逃げ込むように行って働くところだ。そんなところで働いたら近所に顔向けできん」と猛反対されたという。賭博である競馬は世間から白眼視されていた時代である。一九八四年に競馬雑誌の編集の仕事に携わるようになったわたしも親から「外聞が悪い」と嘆かれたが、それが一般的な「昭和の競馬観」だったのは間違いない。

このとき、自分も馬に乗りたいと思っていた長兄の博司が父を説得してくれ、兄の知り合いを介して地方の名古屋競馬場の調教師を紹介してもらい、その調教師から中山競馬場の鈴木信太郎を紹介された。ちなみに、長兄の博司は寿司チェーン店「だるま寿司」を創業し、のちに馬主になっている。

一九五〇年。十九歳になった内藤は騎手候補生として中山の鈴木信太郎厩舎にはいり、二年後に騎手デビューした。鈴木信太郎は中山競馬場の大物馬主、中村勝五郎を後ろ盾にして大きな厩舎を構えていたが、鈴木自身が障害の名手だったこともあって障害の活躍馬が多く、騎乗馬がほとんどなかった内藤は一九五四年には小倉競馬場の千倉政雄厩舎に移籍している。それからも落馬による怪我などもあり、久保道雄厩舎（京都）、日迫清厩舎（阪神）と所属厩舎を替えた内藤は、京都競馬場の調教師だった鈴木甚吉の次女と結婚すると、一九六〇年からは義兄の鈴木和雄厩舎（京都）に落ち着いている。岳父の鈴木甚吉は、武田文吾の項でも書いたように、武田の従兄で師匠にあたる人物である。

鈴木和雄厩舎に移って七年めの一九六六年にエイトクラウンで宝塚記念に勝った内藤は、翌年もタイヨウで勝っている。宝塚記念を連覇した騎手はいまなお内藤しかいないが、その記録をつくったタイヨウは東京の尾形藤吉厩舎から武田文吾厩舎に移籍してきた馬で、トレードで手に入れた馬主は兄の内藤博司だった。

ようやく騎手として光があたりはじめていた内藤だったが、三十七歳になった一九六八年春、鈴木和雄が急死したために厩舎を引き継ぐかたちで調教師に転じている。騎手としては二千八百九十五戦三百七勝、重賞七勝という成績だった（中央競馬会なってからの記録のみ）。

義兄の厩舎を引き継いだ内藤は開業一年めから三十勝をあげた。さらに、二年めの一九六九年には五十一勝で全国八位（関西五位）になると、翌年も五十一勝で全国三位（関西二位）まで躍進している。この年はクニノハナで京都牝馬特別と第一回ビクトリアカップ（エリザベス女王杯の前身）にも勝った。内藤厩舎の最初の重賞勝ち馬となったクニノハナも兄の所有馬だった。内藤が競馬界にはいる道を開いてくれた兄は、騎手時代も調教師になってからも弟をサポートしてくれていたのだ。さらに、四年めは四十九勝で、関西のリーディング一位（全国三位）に輝いている。

開業当初から驚愕の成績をあげていた内藤だが、調教師になった一九六八年には親しくしていた牧場の紹介で北海道門別町（現日高町）の土地を買い、育成牧場を建設している。牧場をつくったのは丈夫な馬を育てるためで、これが「一万回出走」の源になる。オープンしたのは翌六九年で、優駿牧場と名付け、場長には京都競馬場で騎手をしていた中野与太郎を迎えている。

当初は厩舎にはいる前の仔馬のトレーニングや休養馬の調整に使っていた優駿牧場だが、その後、シンザンの馬主だった橋元幸吉の弟、橋元幸平（橋元運輸）から繁殖牝馬を預かるようになる。橋元は兄が亡くなったあと馬主になり、個人名義とはべつに兄の勝負服を継承した法人（シンザンクラブ）。冠名は「ハシ」）でも馬を走らせていた。

そして一九七四年、優駿牧場で誕生したのがシンザン産駒のハシコトブキである。二歳から六歳まで走って五十一戦九勝、四歳の秋には京都記念（秋）など三つの重賞に勝った、わたしたちの年代にはなつかしいバイプレーヤーである。引退後は優駿牧場で種牡馬となり、十一年間で四十六頭の産駒が血統登録され、そのほとんどが内藤厩舎にはいっている。そのうち二十六頭が勝ち馬になり、イブキカネール（きさらぎ賞）とスガハラテンジン（京都大障害・秋）が中央の重賞に勝った。ハシコトブキは内藤繁春という調教師を語るうえで欠かせない名馬といえる。

一九七九年、内藤厩舎では最初で最後のクラシック馬が誕生する。シンザンクラブのハシハーミット（榊原敏夫牧場生産）が菊花賞馬になったのだ。しかも二着は同一馬主・厩舎のハシクランツ（鎌田牧場生産）で、「ハシ・ハシの菊花賞」と話題になった。ハシクランツはそのあと大阪杯と鳴尾記念に勝ち、一九八〇年の秋にはアメリカのワシントンDC国際に招待されたが、勝ったアーギュメントから四十馬身以上離された八着（一頭競走中止で、実質最下位）に終わった。

一九七〇年代後半から八〇年代、優駿牧場には橋元以外の馬主から預託される繁殖牝馬が増えていた。「ピーク時には四十頭を超えていた」と内藤は著書『定年ジョッキー』で語っている。

〈当時、私の厩舎の馬房数は24。優駿牧場から送り込まれる競走馬は30頭以上。すべてが良血ならば、堂々、他の厩舎と渡り合えただろう。〉

これが負け惜しみではないことは数字が示している。馬主の経済的な負担を軽くして、長く競馬を楽しんでもらうというのが内藤厩舎の方針で、血統のいい高額馬を数多く預かるわけでもなく、もっとも多いのが優駿牧場の生産馬だった。それでも一九七八年（四十六勝）、八一年（三十六勝）、八五年（三十四勝）、八六年（三十八勝）と、四度も調教師成績で全国二位になっているのだ（いずれの年も関西でも二位だった）。

そして一九九一年の有馬記念では、十四番人気のダイユウサクでメジロマックイーンを破って日本中を驚かせた。ダイユウサクの馬主は橋元幸平で、生産は優駿牧場。祖母は内藤厩舎の初重賞勝ちとなったクニノハナである。ほとんど自家生産のような馬で、内藤は大きな仕事をやってのけたのだった。

ところが、有馬記念の翌年、内藤は優駿牧場を売却している。経営が厳しくなってきたこともあるが、内藤自身も「ほかの牧場にも目を向けないと、厩舎経営は成り立たない」と案じていたとき、「マチカネ」の冠名で知られる細川益男（ホソカワミクロン）が手をさしのべてくれたのだ（優駿牧場は一九九二年に待兼牧場となったが、現在はダーレー・ジャパンの育成牧場となっている）。それでも付記しておきたいのは、優駿牧場で働いたのを機に厩舎社会にはいり、調教師になった人物に石坂正、森秀行、平田修らがいることである。内藤は「人づくり」でも大きな貢献をしていたのだ（石坂と平田は内藤厩舎でも働いていて、平田はダイユウサクの厩務員だった）。騎手の熊沢重文が平地と障害で長く活躍できたのも内藤の弟子だからこそだったと思う。

優駿牧場を売却したあと、内藤厩舎には様々な牧場の生産馬がはいってきたが、そのなかで活躍したのはアメリカ産馬だった。地味な血統の馬が多かった内藤厩舎にアメリカ産馬のイメージはあまりないのだが、内藤は、ハシクランツがワシントンＤＣ国際に出走する二年前に社台ファームの吉田善哉に誘われてアメリカのせりに行っている。そのとき買った馬のなかに、九勝したスピード馬ボールドエーカンがいた。以来、毎年アメリカのトレーニングセールに通うようになっていた内藤が見いだした掘り出し物がエイシンワシントンである。セントウルステークスとＣＢＣ賞に勝ち、フラワーパークと激しく競り合い、鼻差の二着に負けたスプリンターズステークスはいまも語り継がれる名勝負である。さらに、内藤の最後の重賞となった一九九六年の鳴尾記念に勝ったのもアメリカ産のマルカダイシスだった。

二〇〇一年二月。内藤繁春はＪＲＡの調教師として最多出走回数の記録をつくって引退したが、冒頭で書いたように、定年を前に騎手試験を受けることを発表した。規定でも十六歳以上なら受験できるということで、ＪＲＡも許可したのだが、学科も実技も散々たるもので、不合格だった。騎手試験を受けたことについて、「死ぬまで馬の世界に身を置きたかったから」（『定年ジョッキー』）と語っていた内藤は、引退後は園田競馬場（兵庫県）の馬主資格をとり、二〇一三年に八十二歳で亡くなるまで競馬を楽しんでいた。

# 26 戸山為夫

## 馬は鍛えてこそ強くなる

昭和五十年代、春のクラシックで戸山為夫厩舎の馬が東上してくると、かならず「戸山式ハードトレーニング」という枕詞がついたことを思いだす。ラブリトウショウ、マーブルトウショウ、ワカテンザン、キタヤマザクラ……。クラシックには勝てなかったが、牝馬には男まさりのタフさがあり、牡馬はしたたかでしぶとかった。

一九六八年のダービー馬タニノハローモアをだした戸山の調教法は、東西交流がすくなかった時代から関東のファンの耳にも届いていた。しかし、一日に何千メートルも走らせるとか、インターバルをとりながら何本も調教するとか、ものめずらしげに報道される「戸山式ハードトレーニング」ということばには「ちょっと変わり者の調教師」というニュアンスがあったのも事実である。

だが、変わり者と思われていた戸山はじつは合理的な調教をしていたことを、やがて知ることになる。栗東トレーニングセンターに坂路コースができたのだ。


戸山為夫は一九三二年一月五日に京都府久世郡淀町（現京都市伏見区）にうまれた。淀町という町名からもわかるように京都競馬場の近くで、隣には騎手の武平三（元調教師）が住んでいた。

とはいっても、生家は競馬とは無関係だった。戸山家はもともと彦根藩の藩士だったが、祖父がはじめた農業銀行は経営がゆきづまり、父も米相場や株に手をだして失敗した。明治になり、慣れない商売に手をだして挫折した士族の話はよく聞くが、戸山家もそのひとつだった。

そういうわけで、戦中戦後の少年時代を窮乏のなかでおくった戸山は、十六歳になった一九四八年に武平三の門を叩いている。武の騎乗姿を見て騎手にあこがれていたこともあったが、進学した航空工業学校が戦後になって商業学校に変わり、さらに学制改革によって普通高校の商業部に編入させられたりして、学園生活に嫌気がさしたのだ。また、「サラリーマンになれ」と言っていた母が亡くなったことも大きかった。戸山は著書『鍛えて最強馬をつくる』にこう書いている。

〈もし、母親が長生きしていたら、私が競馬の世界に足を踏み入れることはなかっただろう。〉

しかし、その当時、武はまだ調教師免許をもっておらず、戸山は騎手見習いとして認められなかった。さらに、

「隣のおじさんが師匠では修業にならない。きみに甘えがある」

と言う騎手の庄野穂積（元調教師）の勧めもあって、戸山は一九五〇年に坂口正二《まさに》に弟子入りしている。ちなみに戸山の公式プロフィールでは一九四九年に高橋直三厩舎で騎手候補生となっているのだが、戸山の著書ではこの一年間はまったく触れられておらず、戸山自身も師匠は坂口だと語っている。

騎手デビューは一九五二年七月。それから六四年二月までおよそ十一年半を騎手として過ごすことになるが、戸山は、

〈ともかく悲惨なジョッキー生活であった。〉

と書く。中央競馬では千二百五十四戦百二十二勝という記録が残っている。体が大きかったこともあり、障害に乗ることも多かった。また、当時の厩舎社会は封建的で、師匠や兄弟子たちの靴磨きから炊事や洗濯までさせられる生活が、合理的な考えをもつ戸山には納得がいかなかったようだ。さらに理不尽な乗り替わりを何度も経験したことも「悲惨なジョッキー生活」となった。

結局、戸山は騎手としてはまったく芽がでず、調教師転身を決意する。

当時、調教師になるには試験とはべつに、馬を五頭揃えることが条件だった。そのときに手をさしのべてくれたのが岡野初蔵という馬主だった。京都で料亭を営んでいた岡野はいつも一頭だけ馬を持って楽しんでいたが、その一頭を戸山に預け、さらに知り合いの馬主、谷水信夫を紹介してくれた。岡野はやがて戸山の義父となり、谷水は戸山が「大恩人」と言ってはばからない人物である。

こうして一九六四年三月、戸山は独立して京都競馬場に小さな厩舎を開いた。

戸山が結果をだすのは早かった。一年めは七勝、二年めも四勝とささやかなスタートだったが、四年めには三十勝、五年めの一九六八年には三十九勝（全国十五位）まで勝ち数を伸ばしている。さらにこの年は、谷水のタニノハローモアでダービーを制した。

このとき戸山は三十六歳だった。

タニノハローモアは谷水が北海道静内町（現新ひだか町）に開設したカントリー牧場の一期生である。馬は鍛えてこそ強くなるという信念をもつ谷水は、生産馬を厳しく鍛えた。そして牧場のハードトレーニングを耐え抜いた馬たちは、次々に大レースを勝ち取っていった。

そんな谷水は戸山をかわいがってくれた。個性的な馬主と調教師はときには衝突することもあったが、ふたりは膝をつき合わせて話し合った。そして、カントリー牧場のハードトレーニングと当時スポーツ界で盛んに言われていたインターバルトレーニングを調教に取り入れた「戸山式ハードトレーニング」がうまれるのである。

それと相前後して、調教師会の理事となった戸山は担当厩務員が調教もできる「持ち乗り」の導入に尽力している。馬を鍛えるためには馬に乗れるスタッフを増やす必要があったからだ。戸山は労働組合との折衝に苦労したと著書に書いているが、一九九〇年代以降、関西馬が強くなった背景には「持ち乗り」の導入があったことはよく知られている。

また、騎手時代に乗り替わりで悔しい思いをした戸山は、徹底して所属騎手を乗せつづけた。七〇年代以降でいえば戸山厩舎の馬にはいつも弟子の小島貞博と小谷内秀夫が乗っている。戸山は馬を預かるときに弟子しか乗せないとはっきり言い、契約もした。

合理的な考えをもち、ふるい厩舎社会に異を唱える一方で、弟子しか乗せない。なんともむずかしい調教師だった戸山に馬を預けようという人は限られていた。カントリー牧場をはじめ、ラブリトウショウ（シンザン記念）、マーブルトウショウ（桜花賞三着）の藤正牧場（のちにトウショウ牧場）、ワカテンザン（きさらぎ賞）、ワカオライデン（朝日チャレンジカップ）の吉田牧場と馬主の小塚美近、キタヤマザクラ（シンザン記念）、フジヤマケンザン（中日新聞杯。生産は吉田牧場）の藤本龍也といった、戸山の考えを理解してくれる牧場や馬主によって戸山厩舎は支えられていた。

ところが、一九八五年に栗東に完成した坂路コースによって戸山の評価は一変する。坂道を使った調教に懐疑的な調教師が多かったなかで、戸山は率先して坂路コースを利用した。坂路は戸山が実践してきたインターバルトレーニングを施すのに最適だった。

やがて坂路で調教された馬たちが活躍しはじめ、坂路調教が一大ブームとなったとき、〝坂路の申し子〟と呼ばれた名馬があらわれる。ミホノブルボンである。

〈安い馬で勝ち抜いていくためには、練習しかない。それが私の哲学である。〉（『鍛えて最強馬をつくる』）

そう言いきる戸山は安くて走りそうな馬を見つけだし、鍛えて強くすることを信条とした。そうして生みだした傑作がミホノブルボンであり、それはまさに戸山の「哲学」を具現化した名馬だった。

戸山によって徹底的に鍛えられ、磨きをかけられたミホノブルボンは、すばらしい逃げで皐月賞、ダービーと無敗のまま勝ち進む。惜しくも菊花賞は二着に負けてしまったが、ミホノブルボンによって戸山の考えや調教法が世間に理解されることになった。

ミホノブルボンが活躍した一九九二年はフジヤマケンザン、カントリー牧場のタニノボレロ（新潟記念）、そして騸馬のレガシーワールド（セントライト記念）らが活躍し、戸山は生涯最多となる四十一勝をあげ、三十九勝だった前年につづいて全国三位になった。

だが、このときすでに戸山の体は癌に冒されていた。ミホノブルボンが厩舎にはいってくる前に食道癌の手術をしていた戸山は、調教師人生で最高の時間をおくっていたとき、体内に広がっていく癌ともたたかっていたのである。

ミホノブルボンのダービー優勝から一年後の一九九三年五月二十九日、戸山は亡くなった。六十一歳だった。三十年の調教師生活で残した成績は六千百七十戦六百九十五勝、重賞はダービー二勝を含む二十九勝だった。

戸山の死後、競馬界は大きく変わった。ＧⅠレースはサンデーサイレンス産駒をはじめとする高額馬の天下となり、有力馬はトップジョッキーに乗り替わることがあたりまえのようになっていくのである。

# 大久保正陽

## 逃げ馬、個性派、三冠馬

27

午後、栗東トレーニングセンターの大久保正陽《まさあき》厩舎をたずねると、いつもおなじ光景を目にした。厩務員が馬を引いて厩舎の周囲を歩く姿である。それはいつ終わるともなくつづけられ、取材者はしばしば待たされることになる。大久保厩舎の馬たちはこうした日々の積み重ねによって、タフで息の長い活躍をしたのだった。

大久保正陽の名前は三冠馬ナリタブライアンとともに後世に語りつがれることになった。しかし、大久保厩舎らしい馬といえば、エリモジョージをはじめヤマノシラギク、メジロパーマーといった個性派ランナーだったのではないか、とわたしは思っている。

なぜなら、ナリタブライアンのように血統面で早くから注目されていた馬は大久保厩舎では少数派で、活躍した馬の多くは比較的地味な血統の〝叩き上げ〟タイプだったからだ。事実、大久保は二十二頭で五十の重賞に勝っているが、そのなかに日本の生産界をリードしてきた社台ファーム、社台グループに関係する馬は一頭もいないのだ。

大久保正陽は競馬社会のなかではエリートであった。祖父の大久保福松は日本の近代馬術の始祖ともいわれる函館大経の一番弟子であり、父の大久保亀治は尾形景造（藤吉）厩舎所属の騎手で第三回日本ダービー（フレーモア）などに勝っている。亀治の兄弟（兄福蔵、弟末吉、三井末太郎）だけでなく、大久保とはいとこにあたる良雄（父福蔵）、洋吉（父末吉）もまた調教師になっている。

大久保正陽は一九三五年八月二十三日にうまれた。父の亀治はこの年から兵庫県の鳴尾競馬場で調教師兼騎手として独立しており、大久保は幼いころから父の仕事を見て育っている。

終戦後、亀治の厩舎は京都競馬場に移った。中学生になった大久保は、反抗期ということもあったのだろう、父親の仕事から距離をおくようにもなっていた。それでも高校に進学したときには競馬への興味も戻り、高校二年になった一九五二年に父の厩舎で見習い騎手となっている。

大久保の騎手デビューは一九五七年三月、二十一歳と遅かった。というのも、その間、大久保は厩舎の仕事をしながら立命館大学の夜間部（法学部）にかよっていたからだ。体が大きかったこともあり、調教師になることを見越して、亀治は騎手になる前から息子に法律を学ばせようとしたのである。

大久保は十三年騎手生活をつづけたが、体重の問題もあって障害での騎乗が多かった。通算成績は五百十七戦五十一勝。重賞は五勝。うち四勝はヘリオスという逃げ馬であげている。ヘリオスは二千二百メートルの阪神大賞典や京都記念に勝つ一方で、千六百メートルでも強く、啓衆社の「年度代表馬」で「最良のスプリンター」に二年連続（一九六〇、六一年）で選ばれている。

ちなみに、種牡馬となったヘリオスはやがてイナボレス（七十六戦八勝）を送りだす。「走る労働者」と呼ばれ、関東のファンに愛されたこの馬を管理したのは叔父の大久保末吉だった。地味な血統の馬を鍛え、タフに走らせるのは大久保一族に共通した特長でもある。

一九七〇年。三十五歳を前に大久保は騎手を引退、調教助手に転じている。もともと調教師をめざしていた大久保は翌年すぐに調教師試験に合格するのだが、免許を手にした翌年、父の亀治が癌で亡くなる。

一九七三年三月、父の厩舎を引き継ぐかたちで厩舎を開業した大久保は、その年は十一勝をあげて、函館記念（エリモカップ）に勝った。二年めは十八勝でエリモマーチスが毎日杯と札幌記念を制している。初期の大久保厩舎の中心になっていたのは亀治の時代から馬を預けてくれていた山本慎一（えりも牧場代表＝当時）が所有する馬で、その代表馬がエリモジョージである。

エリモジョージは亀治が見いだした馬で、天皇賞（春）、宝塚記念を逃げきったように、小柄だが、気分よく走ったときにはすばらしい強さを発揮した。函館記念（六十キロ、七馬身差、レコード）や京都記念・秋（六十一キロ、八馬身差、レコード）、鳴尾記念（六十二キロ、大差）などは見ているだけで楽しくなる爽快な勝ちっぷりだった。だが、その一方ではちょっと気分を損ねると、まるで馬が変わったかのように簡単に負けてしまい、つけられたニックネームは「気まぐれジョージ」。一九七〇年代を代表する個性派ランナーである。

「エリモ」の馬たちの活躍によって順調にスタートをきった大久保厩舎も、エリモジョージ以降、重賞に勝てなくなっていた。

ひさしぶりの重賞勝利は一九八三年のシンザン記念だった。馬はメジロモンスニー。三冠馬ミスターシービーのライバルとしてクラシックを戦ったメジロモンスニーは、故障などもあってGⅠの勝利はないが、五歳になってGⅡの高松宮杯に優勝している。

また、おなじころ活躍していたのが、異相（右側面も白い白面）の牝馬ヤマノシラギクである。二歳から六歳まで五十六戦（七勝）し、中央の全競馬場で重賞に出走したことで知られる馬だが、大久保厩舎らしく、忘れられたころに優勝してファンを驚かせている。

ときおり個性的な人気馬をだしていても、まだ中堅厩舎にすぎなかった大久保厩舎がブレイクするのは一九九〇年代のはじめである。

一九九二年にはメジロパーマーが宝塚記念と有馬記念に優勝する。九、十五番人気での逃げきりだった。おなじ年にこの二レースを制したのはリュウフォーレル（一九六三年）からクロノジェネシス（二〇二〇年）まで十一頭いるが、次に人気がなかったのはイナリワンの有馬記念（一九八九年）で四番人気である。メジロパーマーがいかに異色の存在かがわかる。

「どういうわけか、うちには逃げ馬が多い。それも〝穴馬〟ばかりなんだよ」

メジロパーマーについて取材したとき、大久保はそう語っていた。メジロパーマーの前にはエリモジョージがいたし、亀治の時代にもヘリオス、パッシングゴールという似たようなタイプの馬がいたのだ。

そんな大久保もついにクラシックのタイトルを手にするときがくる。一九九三年にはナリタタイシンで皐月賞に勝ち、翌年はナリタブライアンが三冠馬となるのだ。

皐月賞三馬身半差、ダービー五馬身差、菊花賞七馬身差。ナリタブライアンは史上もっとも楽に三冠を達成した馬だが、おなじ三冠馬でもミスターシービーやシンボリルドルフのようにエリート然としたイメージはなく、大久保が育てた馬らしく、いい意味で泥臭い馬だった。

ところで、ナリタブライアンは白いシャドーロール（下方の視界を遮断し、集中力を高めるために鼻梁に装着する馬具）がトレードマークだった。これは父の厩舎にいたパッシングゴールがシャドーロールを着けてから成績が安定したことを思いだした大久保の発案である。はじめて装着したのは京都三歳ステークス（当時）で、そこからナリタブライアンの快進撃がはじまったのだった。

大久保は三冠馬を育てた名トレーナーだったが、通算の勝ち星は六百に満たない（五百九十七）。年間の勝ち星も一九九三年の三十五勝（全国五位）が最多で、ナリタブライアンの活躍でＪＲＡ賞（最多賞金獲得調教師）を受賞した九四年ですら十九勝（全国七十四位）でしかない。それで重賞五十勝というのだから、中身の濃さに驚かされる。だが、晩年の大久保厩舎は重賞とも縁遠くなっていた。ビッグタイトルも一九九七年にシルクジャスティスで勝った有馬記念が最後となった。

二〇〇〇年代にはいると中央競馬はサンデーサイレンス産駒をはじめとするエリートホースの天下となっていた。調教法や厩舎システムだけでなく、調教師の考え方そのものも変わっていった。そういう時代に、地味な血統の馬でも時間をかけながら強くしていく大久保流の調教は時代おくれになっていた。

しかしそれでも、ファンはいつまでも覚えている。エリモジョージやメジロパーマーがいた競馬がどれだけおもしろかったかを。

# 奥平真治

## 「トウショウ」と「メジロ」で時代を築く

28

三十七年の調教師生活での勝ち星は八百十六（出走回数は九千百二十）で、四十九の重賞に勝っているが、あらためて奥平《おくひら》真治厩舎の変遷を見てみると、その時代時代によって色合いが変化していくことが感じとれる。

一九七〇年代。奥平厩舎の馬はたびたび波乱を演出した。ラファール、ストロングエイト、ライバフット……。関東のオールドファンがなつかしく思いだす馬たちの鞍上にはいつも中島啓之がいた。〝穴党〟に絶大な人気を誇った往年の名ジョッキーである。

一九八〇年代から九〇年代はじめにかけては奥平厩舎の全盛期だった。中心になったのは藤正牧場（トウショウ牧場）とメジロ牧場の馬で、エイティトウショウ、トウショウペガサス、メジロラモーヌ、メジロアルダン、メジロライアン……と、クラシックやＧⅠの舞台で活躍する馬が毎年のように登場していた。

そして一九九〇年代半ば以降、奥平厩舎の勢いは止まり、かつての栄光が嘘のように大舞台から遠のいていくのである——。

奥平真治は一九三六年十月五日に神奈川県横浜市でうまれた。父の作太郎は日本レース倶楽部（一九三七年より日本競馬会・根岸競馬場）の二本柳省三厩舎の騎手だったが、一九四二年に独立、東京競馬場に厩舎を構えている。

しかし、その二年後に競馬は中止となり、奥平家は青森の名門、盛田牧場（七戸町）に疎開している。盛田牧場を紹介してくれたのは馬主の藤山洋吉（日東化学工業副社長。兄は藤山コンツェルンの後継者で、戦後に外務大臣などを歴任した藤山愛一郎）だった。

終戦後、競馬が再開すると作太郎は府中に戻った。奥平は騎手にあこがれていたが小学六年のときに骨膜炎を患ったことで断念、青森の三本木高校に進学している。

ところが、十七歳になった一九五四年、奥平は高校を中退して上京、父の厩舎で調教助手になっている。馬の仕事をしたかったからではない。日本中が生きるために必死に働いていた時代である。奥平は食うために競馬の社会を選んだのだ。

父の作太郎は「仏の作太郎」と呼ばれたほど穏和な好人物だったそうだが、奥平が厩舎にはいって十五年がすぎた一九六九年、直腸癌で急逝する。当時、奥平は三十二歳。調教師になることなどまだ頭になく、厩舎の馬やスタッフと一緒に東京競馬場の稲葉幸夫厩舎に移ることになった。

奥平は調教師になるまでの二年近い時間を稲葉厩舎で過ごすことになるのだが、これが競馬人としての大きなターニングポイントとなった。後年、奥平は調教師としての基礎を稲葉のもとで学んだと語っている。

〈稲葉先生に巡り会うまでの僕は親父だけが師匠。だが、僕には多少以上に甘えがあった。それが稲葉先生に出会ってプロとして生きる自覚が生まれたのです〉（『優駿』一九八五年九月号、今井昭雄「厩舎ぶらり歩き」）

一九七一年三月、奥平は東京競馬場に厩舎を構えた。三十四歳という若い船出にもかかわらず、結果をだすのは早かった。一年めこそ十一勝にとどまったが、二年めには二十二勝をあげ、重賞（安田記念）にも勝っている。

奥平にはじめての重賞をもたらしたのはラファールという牝馬だった。最低人気で勝った安田記念が不良馬場だったように、重馬場や不良馬場でたびたび波乱の主役となった彼女は「雨のラファール」と呼ばれ、いまなお語りつがれる個性派である。

開業三年めの一九七三年には初期の奥平厩舎のハイライトとなるできごとがあった。それまで重賞にさえ勝っていなかったストロングエイトが、ハイセイコー（三着）やタニノチカラ（四着）という強豪を相手に有馬記念に勝ってしまったのだ。ブービー人気（十番人気）での大番狂わせであった。

このストロングエイトの馬主は父の代から付き合いがある藤山洋吉である。藤山は栃木県黒磯市（現那須塩原市）でハイランド牧場を経営するオーナーブリーダーで、奥平厩舎のメインスポンサーでもあった。ストロングエイトのあともカールスバット（京王杯オータムハンデ）やチェスナットバレー（日経賞）、クールハート（関屋記念）といった活躍馬が奥平厩舎からうまれている。

また、奥平厩舎が早くから重賞戦線で結果を残せたのは主戦騎手に成長した中島啓之の力も大きかった。中島は作太郎に弟子入りし、稲葉厩舎での修業時代を含め、ずっと奥平と行動をともにしてくれた。奥平は七歳年下の中島を弟のようにかわいがり、厩舎のエースジョッキーとして頼っていた。

その中島との関係で、奥平厩舎に馬を預けるようになったのが「トウショウ」の冠名で知られる藤田正明である。のちに参議院議長に就任するなど自民党の実力者だった藤田は、北海道静内町（現新ひだか町）に藤正牧場を開くほど競馬にも熱心で、同郷（広島県出身）の中島をひいきにしていたのだ。

藤山洋吉に加えて藤田正明という有力馬主を得た奥平厩舎は、九年めの一九七九年にはじめて全国のトップテンにはいり（九位、関東四位、三十二勝）、その後も高いレベルで安定した成績をあげていった。一九八〇年にはトウショウゴッド（生産は門別の藤本幸雄牧場）が弥生賞に勝ち、皐月賞で一番人気となったが、どろどろの不良馬場のなか脚を痛めて競走を中止している。その後、復帰したトウショウゴッドは八三年の目黒記念（春）などに勝ち、長く活躍した。また、この時期の奥平厩舎の顔となって活躍していたのがエイティトウショウ（中山記念連覇ほか）、トウショウペガサス（中山記念ほか）、トウショウサミット（NHK杯）、トウショウマリオ（京成杯ほか）のきょうだいである。きょうだいの母ソシアルトウショウ（茂木為二郎厩舎）はトウショウボーイの姉で、中島が乗って七五年のオークスでテスコガビーの二着になった馬だ。

一方で、かなしいわかれもあった。一九八五年六月十一日、中島が肝臓癌で亡くなったのだ。トウショウサミットでダービー（十八着）に騎乗してからわずか十六日後のことである。享年四十二。それは、奥平の調教師人生でもっともつらいできごとであった。

中島が亡くなった一か月後、一頭の牝馬が奥平厩舎にやってくる。メジロラモーヌである。じつは、奥平がメジロ牧場の馬を預かるのはこれがはじめてだった。

一九八三年の暮れ、「メジロ」の忘年会に招かれた奥平は、初対面だったオーナーの北野豊吉から馬を預かってくれという話をされた。ところが翌年の二月に北野は急逝してしまう。それでも北野の妻ミヤは一年半前に夫が交わした約束を守り、期待の牝馬を奥平に託したのだ。

一九八六年。メジロラモーヌはテイタニヤ（一九七六年）以来十年ぶり、史上七頭めの牝馬二冠に輝いた。さらに秋にはエリザベス女王杯にも優勝し、〝牝馬三冠〟というあたらしい称号を競馬史に刻むことになる。それにくわえて三つのトライアルレースも制して、重賞六連勝は当時の新記録でもあった。

メジロラモーヌ以後、奥平厩舎にはメジロ牧場の期待馬がはいってくる。メジロフルマー（目黒記念ほか）、メジロモントレー（クイーンステークスほか）、メジロラモーヌの弟メジロアルダン（高松宮杯）、そしてメジロライアンと活躍馬が相次いで登場し、一九八〇年代後半から九〇年代はじめにかけては「メジロの奥平厩舎」という色彩が濃くなっていた。

五十代半ばで奥平は関東を代表する調教師となっていた。一九八九年には関東のリーディングトレーナー（三十五勝。全国四位）となり、翌年はＪＲＡ賞最多賞金獲得調教師を受賞、さらに一九九一年にはメジロライアンで宝塚記念、レオダーバンで菊花賞に勝っている。

だが、どうしても手にできないものがあった。メジロアルダン（一九八八年）、メジロライアン（九〇年）、レオダーバン（九一年）と二着がつづいたダービーである。そのころ奥平は、

「典弘でダービーに勝ちたい」

と語っている。典弘とは甥（妹の息子）の横山典弘である。二十二歳のときにメジロライアンでクラシックを戦い、それを機にトップジョッキーに成長した甥っ子を乗せてダービーに勝ちたいという奥平の願いはしかし、かなうことはなかった。

一九九〇年代半ば以降、大手クラブ法人が隆盛を誇り、ビジネスライクな考えをもっ

た競馬人が増えてくると、その流れに逆行するような厩舎運営をしていた奥平厩舎は勢いを失っていった。それでも奥平は、時代遅れと言われようと、ずっと自分を支えてくれた牧場や馬主との付き合いをたいせつにしていた。成績だけを見れば厩舎の色合いが変わったように感じるが、奥平自身は終始一貫、なにひとつ変わらなかったのである。

二〇〇七年二月、奥平真治は定年により引退した。中山競馬場でおこなわれた引退式で奥平に花束を贈ったのは「メジロ」の勝負服をまとった横山典弘だった。

# 29 瀬戸口 勉

## オグリキャップで花開いた調教師人生

瀬戸口勉は不思議な調教師だった。

誤解をおそれずに書けば、調教師然としていない人である。何頭ものＧＩホースを育てた名調教師という先入観をもって接し、肩透かしを食ったような、そんな気分を味わった取材者も多かったのではないか。

根がシャイなのか、嘘をつけない人なのか。瀬戸口はメディアが喜ぶようなことばを提供してくれる調教師ではなかった。いつも飄々としていて、自分の厩舎の馬のこともまるで他人事のように話すのである。

とはいっても、マスコミを拒んでいたわけではない。ことばはすくないが、人当たりはよく、穏やかな笑顔で取材者を迎えてくれる。飾ることも誇ることも卑下することもなく、どんな状況でも自然体なのだ。

オグリキャップのときも、ネオユニヴァースやメイショウサムソンで三冠をめざしたときもそうだった。周囲がいくら騒いでも「名調教師」として胸を張ることなく、「人間瀬戸口勉」のままだった。

瀬戸口勉は一九三六年十一月三日に鹿児島県鹿屋《かのや》市にうまれた。鹿屋市のある大隅半島中央部はむかしから競走馬の生産が盛んな土地で、多くの騎手や調教師を輩出してきた。

生家は農業を営み、畑作のかたわら競走馬の生産をしていた。多いときには七、八頭の繁殖牝馬を飼養していたという。八人きょうだい（五男三女）の三番め（次男）として育った瀬戸口は、ものごころついたときから馬が好きで、自然と競馬の騎手になりたいと思うようになっていた。

当時、騎手をめざす少年たちは中学卒業と同時に調教師に弟子入りするのが一般的だったが、瀬戸口は高校（鹿屋農業高校畜産科）を卒業してから厩舎にはいっている。

一九五五年、瀬戸口は京都競馬場の上田武司に弟子入りした。上田は馬を探して鹿屋近辺の牧場をよくまわっていた調教師だった。上田厩舎に入門後、馬事公苑（東京・世田谷）の騎手養成所長期講習生となり、一九五九年三月に騎手デビューする。

瀬戸口が騎手だったのは二十二歳から三十六歳までの十四年間である。通算の勝ち星は三百二十九。年平均で二十三勝だから、地味でも悪い成績ではない。一九六五年には四十勝をあげて全国で八位にランクインしたほどで、腕はたしかだった。一九六三年には十五番人気（五十七・三倍）のミスマサコで桜花賞に勝っており、これは桜花賞史上最低人気、単勝最高配当での優勝として記録に残っている。

しかし、関西で一、二を争う大厩舎だった上田厩舎には所属騎手も多く、体重が重くて減量に苦労していた瀬戸口は障害レースでの活躍がめだっていた。一九六一年に中山大障害・秋（トサキング）を勝つなど、障害では五十五勝（重賞五勝）をあげ、三割七分九厘という驚異的な勝率を残している。

一九七三年春、瀬戸口は四度めの受験で調教師試験に合格、その二年後に厩舎を開業している。

厩舎を持ってから最初の十三年間、瀬戸口厩舎は地味な存在だった。この間の勝ち星は二百六十三、年平均にすれば二十勝で、開業四年めには二十八勝をあげて全国十二位（関西七位）にはいっている。重賞もマルブツサーペン（毎日杯、京阪杯）などで五つ制している。しかしクラシックなどの大舞台での活躍はなく、競馬ファンの間で話題となることもなかった。

競馬の社会にはいっておよそ三十年。騎手としても調教師としてもそれなりの成績をあげていながら、瀬戸口勉という名前は競馬ファンの間では印象が薄かった。

しかし一九八八年の春、瀬戸口の競馬人生を一変させる馬が登場する。岐阜県の笠松競馬場から中央入りしたオグリキャップである。オグリキャップを買い取った馬主の佐橋五十雄が、地方の名古屋競馬場で調教師をしている弟の瀬戸口悟に馬を預けていたことが縁で、瀬戸口に声がかかったのだ。

昭和最後の有馬記念でライバルのタマモクロスを破ったオグリキャップは、平成というあたらしい時代のなかで国民的なヒーローとなり、瀬戸口の周囲も騒々しくなっていく。ところが、「人前で話をするのが苦手」という本人はマスメディアにはあまり登場しないで、取材陣は厩務員の池江敏郎（池江泰郎の兄）にコメントを求めるようになっていた。

オグリキャップは四つのGIを含めて十二の重賞に勝ち、引退レースとなった一九九〇年の有馬記念の勝利によってその存在を不動のものにするのだが、瀬戸口厩舎に在籍した三年間、さまざまなできごとがあった。オーナーが替わり、騎手がたびたび変更になった。故障で長い休養もあった。惨敗がつづいたときもあった。勝てば勝ったで、負ければ負けたで、マスコミが押し寄せた。

そうした騒動に巻き込まれながらオグリキャップの競走生活をみごとにまっとうさせたことで、瀬戸口を見る人々の目は変わり、評価も高くなっていた。自然と厩舎にはいってくる馬のレベルも上がり、オグリキャップが引退してからの十年間（一九九一年から二〇〇〇年）は二百八十八勝という勝ち星をあげている。一九九三年には三十勝の大台をはじめて超えて（三十六勝）、調教師成績でも全国四位（関西三位）に大躍進している。

ただ、重賞十勝の半分は障害でも活躍したゴッドスピード（馬主はオグリキャップの馬主でもあった近藤俊典）が勝ったもので、唯一のGIもオグリキャップの妹オグリローマンでの桜花賞である。そういう意味で、ここまではまだ〝オグリキャップの余熱〟

によって好成績を残していたともいえる。

だが、調教師になって二十五年がすぎ、六十代も半ばにさしかかってから、寡黙で地味だった男は生涯もっとも大きな結果を残すことになる。引退までの五年間こそが瀬戸口勉という調教師の本領であった。

二〇〇三年には皐月賞、ダービーに勝って二冠馬となったネオユニヴァースが登場する。エリートホースとはほとんど縁がなかった瀬戸口厩舎にはめずらしく、社台ファームで生まれたサンデーサイレンス産駒である。

さらに翌年はサニングデールで高松宮記念に勝ち、二〇〇五年にはラインクラフトが桜花賞とＮＨＫマイルカップを制している。しかもこの年は生涯最多となる五十四勝をあげ、六十九歳にしてはじめてのリーディングトレーナーに就いている。

そして七十歳となったラストシーズン（二〇〇六年）にはふたたび皐月賞、ダービーの二冠を制している。馬はメイショウサムソン。瀬戸口自身が北海道浦河町の小さな家族牧場（林孝輝牧場）で見いだし、レースを重ねながら実力をつけていった、じつに瀬戸口厩舎らしい名馬だった。

瀬戸口は最後の五年と二か月で二百十勝をあげ、二十二の重賞を手にした。年平均四十勝を上回った。平地のＧＩ優勝は八つを数え、そのうち五つがクラシックレースで、日本ダービーを二度制している。これほどすばらしい成績で調教師生活を締めくくった人はほかにいない。

ところで、メイショウサムソンの主戦にはデビュー戦からずっと石橋守を起用してきた瀬戸口は人間関係をたいせつにする調教師だった。石橋の父守義は上田武司厩舎の厩務員で、瀬戸口とは同門の騎手と厩務員の関係だった。さらに、上田厩舎時代の弟子だった西谷達男の息子、西谷誠を所属騎手として迎えて障害の名手に育てあげた。そして、鹿屋農業高校の先輩でいつも一緒に行動するほど仲が良かった北橋修二の厩舎に所属する福永祐一をエースジョッキーとして登用しつづけたことはよく知られている。

二〇〇七年二月、調教師としてピークを迎えながら瀬戸口は定年引退となった。このとき、定年前に一定レベルの成績を残した調教師にはなんらかの定年延長措置があってもいいのではないか、という意見がマスコミから巻きおこった。かくいうわたしもそんな原稿を書いたひとりである。

しかし、瀬戸口本人は不平も未練もいっさい口にしないで引退していった。いつもと変わらない、淡々とした風情で。

# 伊藤雄二

## 牝馬で勝ちとったＧＩ十勝、重賞四十三勝

30

四十一年の調教師生活であげた勝ち星は歴代八位の千百五十五勝。重賞は七十七勝（うち八大レース・ＧＩに十二勝）を数える歴史的な大調教師なのだが、伊藤雄二で真っ先にイメージするのはやはり牝馬である。「牝馬づくりの名人」といえば稲葉幸夫だったが、その称号を継承したのが伊藤だった。

マックスビューティ、シャダイカグラ、ダイイチルビー、エアグルーヴ、ファインモーション、エアメサイアと、六頭の牝馬でＧＩレース十勝。牝馬で勝ちとった重賞の数は四十三と、稲葉幸夫の三十勝を大きく上まわっている。伊藤がいかにすぐれた牝馬を

数多く育てたか、数字からも浮き彫りになる。

伊藤雄二は一九三七年一月十四日に大阪府枚方市にうまれた。結婚によって伊藤姓となったが、それまでは木下雄二といった。父の木下芳雄は家業である製薬会社の工場長を務めるかたわら馬術をやっていた。戦後は京都に馬術クラブをつくり、自身も国体などで活躍している。そんな家庭の五人きょうだいの次男としてうまれた雄二も、幼いころから馬術を学び、中学、高校と全国大会で上位に入賞する実力を誇っていた。

馬術選手であっても、雄二は競馬にはとくべつ興味はなかった。ところが、高校三年のときに、唐突に競馬界入りが決まる。雄二の馬術の腕を見込んだ父と、知人だった伊藤正四郎調教師（阪神競馬場、伊藤正徳の父）が勝手に話を決めてしまったのだ。

十八歳の誕生日の翌日、伊藤正四郎に騎手見習いとして入門した雄二は、一九五九年三月に二十二歳で騎手デビューする。デビューが遅くなったのは、体が大きかったからなのだが、騎手時代の成績は七年間で五百三十五戦七十二勝。体重の問題のほかに障害での落馬事故などもあり、騎乗数もすくなかった。この間、雄二は伊藤正四郎の長女と結婚、伊藤姓となっている。

騎手としては成績を残せなかった伊藤雄二だが、結婚後ほどなくして亡くなった伊藤正四郎の遺志を継いで調教師になることを決意、一九六六年に調教師免許を取得している。

二十九歳という若さで調教師となった伊藤は、開業一年めからいきなり二十二勝をあげている。しかし、それからしばらくは十勝台から二十勝台がつづき、重賞も三年めに阪神障害ステークス（デヤレスト）に勝っただけだった。

伊藤がはじめてビッグタイトルを手にしたのは開業して十二年めの一九七七年、ハードバージでの皐月賞だった。ハードバージはダービーでは二着に負けてしまうのだが、皮肉なことに、頭差でダービー馬となったのは義弟の伊藤正徳が乗ったラッキールーラだった。ちなみに、伊藤雄二は後年、自分が手がけた馬で一番強いと思ったのはハードバージで、「あの馬は壊れなければ三冠取れると思っていました」とも語っている（『優駿』二〇〇四年十一月号、「杉本清の競馬談義」）。

この年は地方の大井競馬場から名古屋競馬場を経て中央入りしたゴールドイーグルで大阪杯とマイラーズカップにも勝っている。ゴールドイーグルはカブトシローの産駒で、宮崎産馬という、異色のプロフィールをもった馬だった。

そして、その二年後、のちの伊藤雄二厩舎の躍進を予見させるような馬が現れる。快速牝馬サニーフラワーである。八大レースなど重要なレースを除いて東西交流がほとんどなかった一九七九年、関東の岡部幸雄を起用して中山競馬場のスプリンターズステークスと牝馬東京タイムズ杯（現府中牝馬ステークス）を連勝するのだ。固定観念やしがらみにとらわれることなく、馬の適性や相手関係などを考え、勝てそうなレースがあればどこにでも馬を連れて行く、現在ではあたりまえにおこなわれていることを伊藤はこのころから実践していたのだ。

そうした伊藤の考えの一端が見えるような、おもしろいインタビューがある。調教師や騎手が予想できた時代（一九四八年から六五年）について触れた伊藤は、こんな自慢話をしているのだ。

〈ぼくはよく当たったんですよ（笑）。7割くらいは的中していたんじゃないかな。パーフェクトも3回くらいやったことがあるし。〉（『優駿』一九九六年五月号）

短期間でパーフェクト（全レース的中）三回というのは、予想業界で「神様」と称された人さえしのぐレベルなのだが、その極意を「相手馬をよく知っていたということ」だと言う伊藤は、「調教師になってからも、レースではいつも相手馬のことを研究している」とも語っている。

相手馬の実力をよく研究し、そのうえで馬のレースを選んでいた伊藤は、一九八二年には三十八勝をあげてはじめて関西の調教師成績で一位（全国二位）になる。さらに、翌年からは二年連続で全国のリーディングトレーナーに輝いている（その後も一九八七年に全国一位になった）。

勝ち数が多いだけでなく、伊藤厩舎は勝率も高かった。通算勝率は一割五分四厘（連対率も二割八分二厘）で、ＪＲＡ賞最高勝率調教師賞を七度受賞している。それについて伊藤は「ファンには迷惑かけないようにという思いがあった」と言う。

「最高勝率賞は狙って取ったと思っているんです。率を考えながら、計算しながらやっていましたから」

勝率や連対率の高さはそのままファンの信頼にもつながるわけだが、伊藤に調教師という仕事についてたずねると「いい素材を見つけてくるのが百パーセント」と断言する。

事実、伊藤はいい仔馬を求めて頻繁に牧場に足を運んでいた。気になる配合の馬がうまれたと聞くと、その日のうちに牧場に飛んでいった。そうやっていい素材を見つけていたのだが、前出の『優駿』のインタビューによれば、はじめて見たときの印象が一番よかったのは一九八七年の桜花賞、オークスを圧勝したマックスビューティだったという。

〈あの馬は抜けてましたね。並外れた馬でした。光ってましたね。絶対に走ると思いました。〉

伊藤はまた、牧場から配合する種牡馬についてたびたび相談を受けていたほど血統もよく研究していた。たとえばシャダイカグラはリアルシャダイ産駒に見られたある欠点を補いながら調教を進めて、桜花賞馬（一九八九年）に育てたのだった。

血統を研究し、だれよりも早く仔馬を見に行き、そのうえしっかりと結果を残している伊藤の厩舎には、すばらしい血統の馬があたりまえのように集まってくるようになっていた。その代表が第一級の血統で最高の成績を残したダイイチルビー（一九九一年安田記念、スプリンターズステークス）であり、エアグルーヴ（九六年オークス、九七年天皇賞・秋）である。ダイワメジャー、ダイワスカーレットの母となるスカーレットブーケ（九一年クイーンカップなど重賞四勝）が伊藤の厩舎で走っていたこともけっして偶然ではないのだ。

これだけ牝馬にこだわり、成績もあげた理由をたずねると、伊藤は「馬主さんに恩返しするのは牝馬ですからね」と言った。

「女馬というのは、血統さえよければ、繁殖になってこどもをだしてくれますから。男馬はそんな高い馬ではなくて、足と勘で発掘してくるんです」

そんな伊藤雄二厩舎のハイライトとなるのが一九九三年のダービー馬ウイニングチケットである。うまれて三日めに馬を見て気に入り、預かることを決めた。騎手はおなじ母系の馬に数多く乗っていた柴田政人に依頼した。柴田にダービーを勝たせてやりたいという思いもあり、目標をダービー優勝に定め、そこにピークがくるように調教していった。勝率一位になるのとおなじように「狙ってダービーを勝った」のである。狙って勝てるほどクラシックは甘くないが、「たまたま勝ったというのではプロとして情けない」というのが伊藤の考えでもある。

いつも淡々とした風情で、綿密に青写真を描きながら勝利を重ねていった伊藤だが、なぜか菊花賞には縁がなかった。三冠馬になれると思っていたというハードバージはダービー二着のあと故障し、ウイニングチケットも菊花賞では三着だった。一九九六年にはウイニングチケットの弟ロイヤルタッチが二着になったが、三着は四回を数えた。菊花賞に限れば、運に見放された感がある。

一九八〇年代から九〇年代にひとつの時代を築いた伊藤だが、二〇〇七年二月に定年引退するまでトップトレーナーでありつづけた。全国一位こそ関東の藤沢和雄に譲ったものの、九〇年代には三度（九三、九五、九八年）関西のリーディングトレーナーとなっている。さらに二〇〇〇年は自己最多の四十八勝をあげ七度めの関西一位になり、勝率も自己最高の二割五分一厘を記録した。二〇〇二年には伊藤自身がアイルランドから輸入してきたファインモーションが秋華賞とエリザベス女王杯に勝ち、エアメサイアが秋華賞に勝ったのは定年の一年四か月前だった。

二〇一四年、伊藤雄二はＪＲＡの顕彰者に選ばれた。そのとき、わたしはひさしぶりに伊藤をたずねた。定年後、伊藤は現役のときから好きだった函館で生活していた。四十二年に及んだ長い調教師人生を振り返った伊藤は、引退して七年が経っても現役のときと変わらない口調で言った。

「競走馬の社会というのは、これでいいというのはないんです。どんな成績を残していても満足はないですね。やり残したことはいっぱいありますけど」

# 池江泰郎

## メジロマックイーンからディープインパクトへ

31

池江泰《やす》郎《お》にはじめて会ったのは一九八六年十二月七日だった。その日は『優駿』の「杉本清の競馬談義」の収録で阪神競馬場に行っていた。ゲストは一か月前にメジロデュレンで菊花賞を制したばかりの池江で、当日のメインレース、ラジオたんぱ杯三歳牝馬ステークス（現ホープフルステークス）に勝ったのも池江厩舎のドウカンジョーだった。当時、池江は四十五歳。厩舎を開いて八年めだった。

職人ふうに髪を短く刈り揃えた池江は、草食動物のようなやさしい目をしていた。それまで取材で会った調教師の人たちとは違う、おだやかな雰囲気をもった人だった。杉本の対談でも、自分の考えを押しだすでもなく、ことばを探しながら訥々と質問に答えていた。その姿を見ながら、地味ながら生真面目に仕事をこなしていくタイプの調教師なのだろうと思った。失礼を承知で書けば、初対面の池江からは、何頭もの名馬を育て、海外でも活躍し、やがてディープインパクトという偉大な馬を育てるという、華やかな調教師人生はまったく想像できなかった。

池江泰郎は一九四一年三月一日に宮崎県高城町（現都城市）にうまれた。兄三人、妹ひとりの五人きょうだいで、次男は瀬戸口勉厩舎で厩務員になり、オグリキャップを担当した敏郎である。

父はフィリピンのレイテ島で戦死し、父の顔を知らないで育ったという池江は中学校を卒業したら大阪にでて就職しようと考えていたのだが、中学校に貼ってあった日本中央競馬会騎手養成所の生徒募集のポスターを見て、騎手という仕事があることを知った。体が小さく運動神経のいい池江は器械体操部に所属していて、「お前にぴったりの仕事だから、受けてみろ」と勧めたのは、宮崎市出身で国営の宮崎競馬場を知っていた教頭だった。母親は「競馬は賭博だ。もっとまともなところに就職しなさい」と反対したが、教頭に連れられて受験会場の宮崎競馬場に行くと、体操の大会でいつも顔を合わせていた野元昭（のちに騎手、調教師）もいた。ふたり揃って合格し、馬事公苑（東京都世田谷区）の長期騎手課程七期生となった。同期生にはリーディングジョッキーとなる高橋成忠や福永洋一の兄福永甲《はじめ》、騎手引退後にＪＲＡ競馬学校の教官になる徳吉一己らがいた。

一九五七年、池江は京都競馬場の相羽仙一厩舎に騎手見習いとして入門する。二年後に騎手免許を取得したが、一九六三年に師匠の相羽が癌で急逝したために、橋本正晴厩舎所属を経て、六四年から浅見国一厩舎の所属騎手になった。浅見も相羽のもとで競馬人生をスタートさせた男で、池江の兄弟子になる。浅見の項でも書いたが、浅見は相羽厩舎を引き継ぐ形で調教師になり、開業したばかりの浅見厩舎の主戦騎手として迎えられたのが池江だった。

それまでの池江はアラブと障害で重賞を勝ったことがあったが、浅見厩舎に移ってから活躍の場を広げていった。逃げ先行が好きだった浅見の影響を受けた池江は、当時の関西ファンからは「逃げの池江」と呼ばれていた。「スタートがゴールだぞ」と浅見は口癖のように言っていた。長距離レースが多かったこともあり、追い込みが主流だった時代に、池江は逃げ先行を得意とする騎手だった。

二十年の騎手生活で三千二百七十五戦三百六十八勝。重賞は十七勝で、いまでいうGIレースは勝っていないが、惜しいレースはいくつかあった。一九七〇年春の天皇賞では五番人気のホウウンで逃げて、優勝したリキエイカンから首差、首差の三着に粘った。ホウウンは宝塚記念でもスピードシンボリの二着だった。さらにこの年は、オークスでもケイサンタで二着になっている。騎手時代の池江にとって、もっとも悔いが残るのは一番人気のヤマピットに騎乗した一九六七年の桜花賞だろう。スタートで後手を踏み、十二着に惨敗してしまったのだ。その結果、オークスでは関東の保田隆芳に乗り替わったヤマピットはスタートから先頭に立って逃げきっている。ヤマピットはその後、池江が主戦に戻って大阪杯と鳴尾記念に勝っている。

池江が騎手を引退、調教師に転じたのは一九七八年である。調教師免許を取得した三月一日はちょうど三十七歳の誕生日だった。開業は一九七九年の十月で、この年は二十九戦して未勝利に終わり、二年めは九勝したが、三年めは四勝しかできなかった。その当時、池江厩舎にはいってくるのは浅見国一とつながりが深い馬主の馬が多く、なかでも「ヤマニン」の土井宏二とメジロ牧場が若い池江厩舎を支えてくれた。騎手時代に池江は川田武のヤマニンルビーで京阪杯に勝ち、メジロ牧場のメジロジゾウで京都記念に勝っていた。二頭とも浅見厩舎の馬である。初期の池江厩舎の管理馬を見ると、六割近くが「ヤマニン」と「メジロ」関連の馬である。開業当初は思うように成績が上がらなかった池江厩舎だが、「ヤマニン」と「メジロ」のサポートによってすこしずつ結果をだしていった。

動きがあったのは六年めの一九八四年だった。この年十七勝を上げた池江厩舎は、関西で三十九位、全国ではじめて百位以内（七十五位）まで上昇している。そして翌八五年、メジロトーマスでスポニチ金杯（現京都金杯）に勝ち、初重賞を手にする。メジロトーマスはそのあと京都記念にも勝ち、翌春の天皇賞と宝塚記念で二着になった。

メジロトーマスで火が点いた池江厩舎は、一九八六年には六番人気のメジロデュレンが菊花賞に優勝する。メジロデュレンは翌年の有馬記念も十番人気で勝つなど、八〇年代を代表するダークホースだった。時代が昭和から平成に移るころ、「メジロ」の二頭につられるように重賞優勝馬が相次いだ。前述したドウカンジョー、土井宏二のヤマニンアーデン（シンザン記念）、さらにはラッキーゲランはＧⅠの阪神三歳ステークスなど三つの重賞に勝っている。

そして一九九〇年、池江泰郎の名前を世に知らしめる名馬が登場する。メジロデュレンの弟、メジロマックイーンである。菊花賞の兄弟制覇でメジャーシーンに登場してきたメジロマックイーンは、翌年から武豊を鞍上に迎えている。それまで池江厩舎の主戦騎手といえば、メジロデュレンで菊花賞と有馬記念に勝った村本善之であり、池江厩舎所属でマックイーンを菊花賞馬に導いた内田浩一だった。しかし武は兄弟子の浅見が幼いころからかわいがってきた騎手であり、オーナーサイドからの要請もあった。こうして若きリーディングジョッキーを背にしたメジロマックイーンは天皇賞（春）二回、宝塚記念と三つのＧⅠを勝ち、合わせて九つの重賞優勝を池江厩舎にもたらした。

メジロマックイーンが引退してから二年間は、池江厩舎は重賞を勝っていないが、勝ち星は着実に伸びていった。一九九四年には三十六勝をあげてリーディング四位（関西二位）になっている。関西のトップトレーナーとして評価も定まっていた池江のもとには、それまで付き合いがあまりなかった大手馬主の馬や社台グループのサンデーサイレンス産駒もはいってくるようになる。そのなかにステイゴールドとトゥザヴィクトリーがいた。ステイゴールドは国内のＧⅠは二着三着ばかりだったが、七歳の春にはドバイに遠征してシーマクラシック（当時はＧⅡ）に勝ち、引退レースとなった香港ヴァーズを頭差で制し、念願だったGⅠホースになった。トゥザヴィクトリーは最初から大きな期待をかけられていた馬で、クラシックは桜花賞三着、オークスも二着に終わったが、五歳の春にドバイワールドカップで二着になり、秋にはエリザベス女王杯に勝った。

二〇〇〇年代にはいると、池江厩舎は高いレベルで安定していく。悪い年でも三十勝前後（順位は十位前後）、いい年は四十勝を超え、ベストテン内が定位置になっていた。同時に、デビュー前からクラシックやGⅠを意識させるような良血馬や素質馬がはいってくるようになる。二〇〇二年にはノーリーズンが皐月賞に優勝し、ゴールドアリュールは〇三年のフェブラリーステークスをはじめダートの交流GⅠで四勝した。さらにトゥザヴィクトリーの馬主、金子真人の所有馬も毎年預かるようになり、サイレントディール（シンザン記念ほか）やブラックタイド（スプリングステークス）がクラシック戦線で活躍している。そして二〇〇五年のクラシックシーンに登場したのがブラックタイドの弟、ディープインパクトだった。

武豊が「飛ぶ」とまで表現した圧倒的な強さで無敗の三冠馬となったディープインパクトは、四歳になってからも天皇賞（春）、宝塚記念、ジャパンカップ、有馬記念に勝った、だれもが認める史上最強馬である。しかし、調教師である池江を書くうえで避けてとおれないのが、凱旋門賞（三位入線）後の尿検査でイプラトロピウムというフランスで禁止されている薬物が検出されたことである（当時、日本では呼吸器疾患の治療薬として認可されていた）。ディープインパクトに咳き込む症状が見られたため、池江厩舎ではフランスギャロ（競馬統括団体）の許可を得てイプラトロピウムを凱旋門賞の五日前に使用したのだが、なぜかそれがレース当日の尿から検出されたのだった。その結果、ディープインパクトは失格となった。池江には一万五千ユーロの罰金が科せられ、同行した日本人獣医師はＪＲＡ診療施設の貸し出し停止六か月間というきわめて重い処分を受けることで「薬物事件」は終結した。

ディープインパクトが引退して以降、池江厩舎はＧⅠこそ勝ってないが、多くの重賞勝ち馬をだし、二〇〇八年には自己最多となる四十六勝をあげてリーディングの二位になった（一位は息子の池江泰寿厩舎）。そして二〇一一年二月、池江はトップトレーナーのまま引退した。地方と海外を加えると六千八百四十三戦八百五十九勝。重賞勝ちは七十九になる。

引退した二年後の二〇一三年、池江泰郎はＪＲＡの馬主資格を取得した。調教師から中央競馬の馬主になるのは、兄弟子の浅見国一以来ふたりめだった。二〇二四年末現在、池江は三頭のディープインパクト産駒と一頭のステイゴールド産駒を所有し、そのすべてが勝ち馬になっている。

# 松山康久

## 史上唯一の親子「一千勝調教師」

32

松山康久の中央競馬での通算成績は七千七百戦千一勝（地方を含めると七千七百八十九戦千十三勝）。重賞は三十八勝（うち地方一勝）で、ミスターシービー、ウィナーズサークルと二頭のダービー馬を育て、リーディングトレーナーにもなっている。父の松山吉三郎も千三百五十八勝を上げていて、父子で「一千勝調教師」は史上唯一ならば、父子で競馬の殿堂入り（顕彰者）したのも松山親子だけである。

松山が引退してから取材で何度か会う機会があった。松山は驚くほど饒舌だった。「こんなに話し好きの人だったかな」と失礼ながら思ったほどだ。はじめて松山に会ったのは、ミスターシービーが三冠を達成した翌年で、故障して休養しているときだったが、どこか神経質で、気むずかしい印象があったからだ。

ミスターシービー以降、四十一年で五頭の三冠馬がでている。ほぼ八年に一頭の割合だが、ミスターシービーはシンザン以来十九年ぶりだった。当時のファンは三冠馬なんて一生見られないだろうと思っていた時代だから、おなじ三冠馬でも現在とは置かれた立場はまったく違っていた。ミスターシービーが三冠を達成したとき、松山は開業して八年めの四十歳だった。三冠馬になろうとする馬を管理するだけで大変な重圧がかかるのだから、当時の松山が、どんなに話し好きであったとしても、神経質になるのは当然だと思った。

あとになって考えれば、最初の印象が「むずかしそうな人」だったのは、父の松山吉三郎のイメージも重なっていたのかも知れない。というのも、ウィナーズサークルのダービーのあとの取材ではミスターシービーのときとはずいぶん違っていたように思う。

松山康久は戦時中の一九四三年九月四日に東京・府中にうまれた。父の吉三郎は東京競馬場の尾形藤吉厩舎の騎手だった。

戦後になって、松山が「うっすら記憶にある」競馬は、一九四九年のタチカゼが勝ったダービーだという（木村幸治著『調教師物語』）。松山が六歳になるときだ。それからは尾形厩舎の名馬群はもちろん、隣の田中和一郎厩舎のトキノミノルなど、戦後の名馬を数多く見てきた。

そんな少年だったから、松山も騎手をめざし、小学校の高学年になると馬に乗りはじめている。しかし、スポーツ全般が好きだった松山は、野球や水泳、柔道とかをやっているうちに体が大きくなって騎手をあきらめ、麻布獣医科大学に進学し、調教師をめざすことにした。大学では馬術部にはいり、一九六四年の東京オリンピックのときには国立競技場の障害馬術で、落ちた障害を直したりする手伝いをしていたという。

大学を卒業した松山は北海道浦河町の日東牧場で研修している。大種牡馬テスコボーイを導入したことで知られる鎌田三郎が営む日東牧場は、桜花賞馬ニットウチドリなどを生産した名門牧場だった。松山は研修しているときに、一九六九年のクラシック戦線で「尾形四天王」の一頭に数えられたミノル（朝日杯三歳ステークスなど重賞三勝。ダービー二着）を育てている。のちに松山の厩舎にはいるニットウタチバナ（七勝。吉永正人の最後の騎乗馬）も日東牧場の生産馬だ。

一九六六年、東京競馬場の父の厩舎で調教助手になった松山は、一九六八年から一年三か月ほど日本中央競馬会の研修生としてアメリカとフランスで勉強している。アメリカでは二冠馬マジェスティックプリンスが勝ったケンタッキーダービーを見学し、ワシントンＤＣ国際招待ではタケシバオーとともに遠征してきた保田隆芳の手伝いもしている。

一九六九年十二月に帰国した松山は、父の助手をしながら、一九七四年に三十歳の若さで調教師免許を取得し、二年後の一九七六年に東京競馬場で開業している。

開業して一年めは八勝、二年め十三勝と勝ち星は控えめだったが、二年めにスター候補が登場する。ギャラントダンサーである。新馬戦を大差で逃げきってから朝日杯三歳ステークス（当時）まで三連勝、一歳上のマルゼンスキーと比較されたほどスケールの大きな馬だった。社台ファームがアメリカにつくったフォンテンブローファームの生産馬（馬主は吉田照哉）で、クラシックの出走権がなく、フランスダービーをめざして渡仏したが体調が整わず、一度も出走しないまま帰国している。帰国二戦めのニュージーランドトロフィーを七馬身差で勝ち、有力視されていた宝塚記念の調教中に骨折、その一か月後に安楽死処分となった、波乱の生涯をおくった名馬だった。

このほか、初期の松山厩舎の活躍馬で思いだすのはタフに活躍した牝馬、フジマドンナである。二歳から七歳まで四十戦十勝、カブトヤマ記念など三つの重賞に勝った。

そして開業八年めの一九八三年、ミスターシービーが三冠を達成する。母親のシービークインは父の厩舎で、松山自身が調教していた馬だった。騎手はシービークインの主戦だった吉永正人で、厩務員も父の厩舎でシービークインを担当していた佐藤忠雄である。まさに〝松山厩舎〟の結晶といえる馬だ。

「あのときは四十歳か。あんな青二才を皆さんがお祝いしてくれて。まあ父のおかげだよな」

そう言う松山は、父からシービークインの仔がうまれたと連絡を受けるとすぐに、千明牧場がシービークインを預けていた北海道浦河町の岡本牧場に馬を見に行った。

「容姿端麗というか、ほれぼれするほどきれいな馬で、皮膚は薄くて、弾力性があってね。気品のある馬体と大きな丸い目は母親にそっくりだった」

ところで、ミスターシービーは吉永正人を背に型破りな追い込みで人気を博したが、松山によれば、あれは父の松山吉三郎厩舎の戦術だったという。

「うちの父は、戦略的にレースを組み立てるのに、絶対にうしろから行かせるんだ。

うるさいほど徹底的に、追い込み戦法をジョッキーたちに教え込んでいてね」

寺山修司が創作した「吉永正人像」をとおしてミスターシービーを見ていたわたしは、松山の話をきいて、ひどく反省した。

さて、ミスターシービーで脚光を浴びた松山厩舎はそれからも個性的な活躍馬を送りだしていく。その一頭がアンドレアモンである。当時、ダートの重賞は札幌記念しかなかったが、一九八四年の距離体系の整備によってGⅢ二レースが創設された。フェブラリーハンデ（現フェブラリーステークス）とウインターステークス（現東海ステークス）である。アンドレアモンは第一回のウインターステークスと第二回のフェブラリーハンデに勝ち、一九八四、八五年と二年連続で『優駿』の「年度代表馬」で最優秀ダートホースに選出されている。付記すれば、第一回のフェブラリーハンデの優勝馬は松山吉三郎厩舎のロバリアアモンで、八〇年代のダート戦線の中心にいたのは「松山厩舎のアモン」だった。

このころから松山厩舎の勝ち星も伸びていった。アンドレアモンが活躍した一九八五年には三十一勝をあげて、リーディングの全国七位になると、八七年は重賞勝ちはなかったが三十勝で全国四位までランクを上げている。

そして、時代は昭和から平成に移った一九八九年、松山は二度めのダービー優勝をはたす。芦毛では史上唯一のダービー馬ウィナーズサークルである。しかもダートでしか勝ち星がない馬がダービーに勝つのも史上初で、二勝馬のダービー優勝は松山が「うっすらと記憶にある」と言うタチカゼ以来二頭めだった。ウィナーズサークルは茨城県江戸崎町（現稲敷市）の栗山牧場でうまれた（馬主は栗山牧場を創業した栗山博）。栗山牧場は美浦トレーニングセンターから車で十分足らずのところにあり、松山親子が育成牧場として利用していた牧場である。もちろん茨城県産のダービー馬はウィナーズサークル一頭である。松山康久という調教師には記録的なことがついてまわっているようだ。

そして一九九四年には四十勝をあげ、はじめてリーディングトレーナーになると、九五年にはジェニュインで二度めの皐月賞を制している。ジェニュインは九六年のマイルチャンピオンシップにも勝つなど、九〇年代の松山厩舎を代表する名馬である。

それからしばらくは安定して三十勝前後の勝ち数をあげ、ベストテン内、悪い年でも十位台をキープしていた。吉田照哉のベストタイアップ（東京新聞杯など重賞三勝）、ダートの短距離で活躍したワシントンカラー（根岸ステークス連覇など重賞四勝）、父の代から世話になっていた溝本儀三男のクロカミ（府中牝馬ステークスほか）、大井競馬場のジャパンダートダービーに勝ったカフェオリンポスなど活躍馬がでていたが、中央のビッグレースからは遠ざかっていた。二〇〇七年以後、最後の六年間は二十勝前後で重賞一勝と華やかだった松山厩舎を知るファンには寂しい成績に終わった。

そして、定年を一か月後に控えた二〇一四年一月二十六日、中山競馬の七レースで、松山はＪＲＡ通算一千勝を達成し、二月二十三日の東京八レースで千一勝めをあげた。松山にとって大きな一勝と最後の勝利を贈った馬はコウジョウ。松山が父の厩舎で調教助手をしていたころに活躍していた馬――追い込みでファンに人気のあった――とおなじ名前である。

## あとがき

二〇二五年は昭和百年にあたる。昭和三十五年うまれのわたしも高齢者になる。

昭和百年ときいて、最初に思いだしたのは明治百年だった。当時、わたしは小学二年だった。学校でもなんらかの行事があったように思うが、思いだせない。それでも、明治百年のときに「一八六八年が明治元年」と認識したことはよく覚えているから、子供心に印象に残ることがあったのだろう。それにしても、大正百年はいつだったのか。

思えば、わたしが西暦を意識したのは明治百年の年が最初だったかもしれない（この年はメキシコオリンピックもあった）。一九七〇年の大阪万博（三波春夫の「世界の国からこんにちは」の影響ですね）や一九七二年の札幌オリンピックも西暦で思いだすのだが、昭和の出来事はずっと年号で記憶している。夏の甲子園、松山商業と三沢高校の延長十八回再試合は昭和四十四年、長島茂雄の引退は昭和四十九年、競馬を覚えたのは昭和五十一年でグリーングラスの菊花賞、キャンディーズの解散コンサートは昭和五十三年、はじめて競馬場に行ったのは昭和五十四年のカツラノハイセイコのダービーで、昭和五十九年に『優駿』の編集者になった――。そんな感じだ。

それが平成になった途端、一変した。たとえば一九九六年に勤めていた会社を辞めてフリーランスのライターになったのだが、それが平成何年だったのか、調べないとでてこない。もちろん、競馬は西暦のほうが都合がいいこともあるのだが、年号が平成になって、わたしは「西暦派」に変わった。

さらによく考えてみると、わたしが昭和を生きたのは二十九年ほどでしかない。平成は三十一年だから、生きた時間は平成の方が長い。それどころか、昭和の競馬を見たのはわずか十二年で、平成の半分にも満たないのだ。昭和の競馬においては〝はなたれ小僧〟以下である。そんな自分が『昭和の名調教師』という本を書いていいのだろうか、という思いも当然あったのだが、昭和百年という区切りの年に書かなければこの種の本が世にでる機会もなくなるだろうと思い書き進めてきた。

本書は『優駿』に連載した「名調教師列伝」（二〇〇九年六月号〜二〇一〇年二月号）と「続・名調教師列伝」（二〇一〇年三月号〜二〇一一年二月号）を加筆修正し、あらたに十二人の調教師を書き下ろしたものである。『優駿』の連載時には三好達彦さんにお世話になった。本にまとめてくれたのは三賢社の林史郎さんで、古い記録やデータのチェックでご苦労をおかけした。デザインもいつものように西俊章さん。皆さん、ありがとうございました。

江面弘也

二〇二五年二月

おもな参考文献・資料


『優駿』（日本中央競馬会　各号）
『中央競馬調教師名鑑』（日本中央競馬会　各年度）
『国営競馬統計』（農林省畜産局競馬部　各年度）
『中央競馬年鑑』（日本中央競馬会　各年度）
『成績広報』（日本中央競馬会　各年度）
『調教師の本　Ⅰ～Ⅶ』中央競馬ピーアール・センター編（日本中央競馬会　一九九〇年～二〇〇〇年）
『日本の騎手』中央競馬ピーアール・センター編（中央競馬ピーアール・センター　一九八一年）
『競馬ひとすじ　私と馬の六十年史』尾形藤吉（徳間書店　一九六七年）
『名馬づくり60年　藤本冨良　わが競馬人生』大島輝久、原良馬・構成（中央競馬ピーアール・センター　一九九一年）
『競馬おぼえ帳』伊藤勝吉（平和社　一九四八年）
『鍛えて最強馬をつくる』戸山為夫（情報センター出版局　一九九六年）
『定年ジョッキー』内藤繁春（アールズ出版　二〇〇五年）
「日本の調教師」大島輝久（『競馬ブック』一九九六年九月二十一、二十二日号～一九九八年二月十四、十五日号）
『日本調教師・騎手名鑑　１９６１年版』井上康文（日本調教師・騎手名鑑刊行会　一九六一年）
『新版　調教師・騎手名鑑』井上康文（大日本競馬図書出版会　一九六四年）
『調教師物語』木村幸治（洋泉社　一九九七年）
『日本ダービー25年史』（日本中央競馬会　一九五九年）
『日本ダービー50年史』中央競馬ピーアール・センター編（日本中央競馬会　一九八三年）


なお、引用した記事等については本文中に明記した。

**江面弘也**　えづら・こうや

ノンフィクションライター。1960年、福島県生まれ。東京理科大学卒業後、(株)中央競馬ピーアール・センター入社。『優駿』の編集に携わったのちフリーに。著書に『名馬を読む』シリーズ、『昭和の名騎手』(三賢社)、『競馬ノンフィクション　1998年世代』(星海社新書)、『「青年日本の歌」をうたう者　五・一五事件、三上卓海軍中尉の生涯』(中央公論新社)、『活字競馬に挑んだ二人の男』(ミデアム出版社)、『サラブレッド・ビジネス　ラムタラと日本競馬』(文春新書)など。

**昭和の名調教師**

---

2025年3月30日　第1刷発行

著者　江面弘也

発行者　林 良二
発行所　株式会社 三賢社
〒113-0021　東京都文京区本駒込4-27-2
電話　03-3824-6422
FAX　03-3824-6410
https://www.sankenbook.co.jp

印刷・製本　中央精版印刷株式会社



Printed in Japan
ISBN978-4-908655-26-5 C0075

# 名馬を読む シリーズ

名馬と、その馬を支えた人びとの物語

定価（本体1700円＋税）

## 名馬を読む

江面弘也 著

- クモハタ
- セントライト
- クリフジ
- トキツカゼ
- トサミドリ
- トキノミノル
- メイヂヒカリ
- ハクチカラ
- セイユウ
- コダマ
- シンザン
- スピードシンボリ
- タケシバオー
- グランドマーチス
- ハイセイコー
- トウショウボーイ
- テンポイント
- マルゼンスキー
- ミスターシービー
- シンボリルドルフ
- メジロラモーヌ
- オグリキャップ
- メジロマックイーン
- トウカイテイオー
- ナリタブライアン
- タイキシャトル
- エルコンドルパサー
- テイエムオペラオー
- ディープインパクト
- ウオッカ
- オルフェーヴル
- ジェンティルドンナ

## 名馬を読む 2

江面弘也 著

- トウメイ
- テンメイ
- タニノムーティエ
- タニノチカラ
- ハギノトップレディ
- ミホシンザン
- タマモクロス
- ビワハヤヒデ
- セイウンスカイ
- シンボリクリスエス
- アグネスタキオン
- タケホープ
- グリーングラス
- ホウヨウボーイ
- カツラノハイセイコ
- モンテプリンス
- イナリワン
- スーパークリーク
- スペシャルウィーク
- グラスワンダー
- ジャングルポケット
- クロフネ
- マンハッタンカフェ
- ダイナカール
- ダイナガリバー
- カツラギエース
- ニホンピロウイナー
- ミホノブルボン
- ホクトベガ
- ヴィクトワールピサ
- サクラスターオー
- メジロパーマー
- ライスシャワー
- レガシーワールド
- サイレンススズカ
- ステイゴールド
- メイショウサムソン

定価（本体1700円＋税）

## 名馬を読む 3

江面弘也 著

定価（本体 1700 円＋税）

・ヒカルイマイ
・カブラヤオー
・ウイニングチケット
・ネオユニヴァース
・キングカメハメハ
・タマミ
・シスタートウショウ
・ヒシアマゾン
・メジロドーベル
・スティルインラブ
・ブエナビスタ
・カブトシロー
・ギャロップダイナ
・ダイユウサク
・ヒシミラクル
・ゴールドシップ
・メイズイ
・ニッポーテイオー
・サクラバクシンオー
・デュランダル
・ロードカナロア

――〈特別編〉――

・キタサンブラック
第一話　誕生
第二話　成長
第三話　戴冠
第四話　有終

## 名馬を読む 4

江面弘也 著

・キーストン
・ダイコーター
・カツトップエース
・サンエイソロン
・アイネスフウジン
・メジロライアン
・フサイチコンコルド
・ダンスインザダーク
・ワンアンドオンリー
・イスラボニータ
・ロジャーバローズ
・サートゥルナーリア
・キタノカチドキ
・サクラローレル
・マヤノトップガン
・エアグルーヴ
・ゼンノロブロイ
・アドマイヤムーン
・モーリス
・ダイナナホウシュウ
・テスコガビー
・サッカーボーイ
・タップダンスシチー
・エイシンヒカリ
・ライブリマウント
・アグネスデジタル
・ヴァーミリアン
・トランセンド
・マルシュロレーヌ
・メアジードーツ
・ハーフアイスト
・シングスピール
・スクリーンヒーロー
・アーモンドアイ

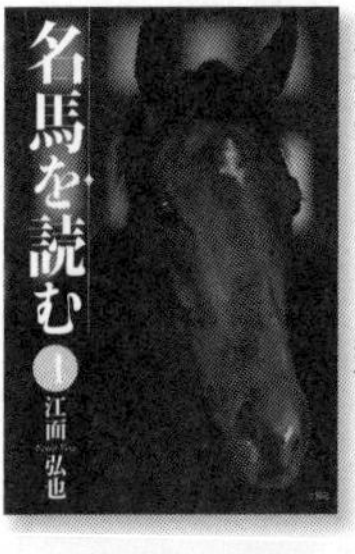


定価（本体 1800 円＋税）

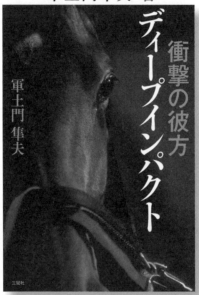